立地の科学

購買行動を数値化する出店戦略

ディー・アイ・コンサルタンツ
榎本 篤史／楠本 貴弘

ダイヤモンド社

プロローグ

店舗の売上が悪い――

経営者の方々と議論しているなかで、何度となく耳にする一言だ。

もちろん、新規に出店した店舗の中には、企業の成長に貢献する優秀な店舗も存在する。

しかし、経営者の言葉を借りるならば「絶対的に数が足りない」のである。

事業環境が厳しさを増し、またお客様の購買行動の複雑性が増すなかで、企業の成長に貢献する優秀な店舗に対するニーズはかつてなく高まっている。


それでは、優秀な店舗とは何か。単に売上が高いだけではなく、収益性が高く、企業に利益をもたらし、関わる人たちを幸せにする店舗のことである。我々は立地と商圏に着目し、店舗の売上をいかに説明するかを試みている。もちろん、売上を構成する要素は多岐に及び、立地や商圏だけでなく、商品や価格、接客や店舗の雰囲気など、挙げればきりがない。商品や価格、接客は、出店後のトライアンドエラーで徐々にその精度を高めていくことも可能である。しかし、一度その場所に出店してしまえば、おいそれと他所に移動することはできない。だからこそ優秀な店舗を出店するために、立地と商圏を見誤るわけにはいかないのである。

我々は主に飲食店、小売店、各種サービス提供店など、店舗をチェーン展開している企業にコンサルティングサービスを提供している。その中で、飲食店一つを取っても、日本中に約67万店、そこで働く人の数は約４４０万人にも上る。毎年多くの店舗が出店され、多くの店舗が閉店する。店舗で起こっているお客様の購買行動（＝事実）を数値化し、この事実と論理の積み重ねで、短期間で閉店せざるを得ない店舗を少しでも減らしたい、そんな想いが本書籍のスタートである。店舗を利用するお客様の利便性を高め、そこで働く従業員の幸せを実現するような、強い競争力を持った企業が増えることを望んでやまない。

本書はこれまでの当社の経験をもとに、売れる、売れないにはそれなりの理由があることをまとめたものである。理由があるからには、人に説明ができ、数値に落とし込むことができるということである。

わかりやすくするために、物事をやや単純化している点はあるが、是非今後の店舗経営および日々の仕事に活かして頂けることを願っている。読者の皆様が、お客様の購買行動を数値で捉え、立地を科学することで、企業のパフォーマンスが向上し、また組織で働く一人ひとりの人生が充実することのお役に立てれば、これ以上の喜びはない。

2016年4月吉日

株式会社ディー・アイ・コンサルタンツ
取締役社長　榎本　篤史
マネジャー　楠本　貴弘

立地の科学　もくじ

第2章

同じ通行量なのに売上に6倍の開き——「商圏の質」の謎を解け

第5章

読めれば成功、読み違えば打撃、変幻自在の「動線」を味方に

終章

不振店・予算未達店〝ゼロ〟の予測はこうして実現する

立地の科学・海外版
Column 07 カンや経験に左右されず、数値を軸にした立地選びが、海外出店を成功へと導く

ラーメンチェーンはどのエリアで成功できるのか――出店シミュレーションの実際

ある地域に大量出店したい――立地戦略にこそ「売上要因分析」を

○既存店のエリアや店舗タイプによる傾向はあるか?
○既存店の傾向から、満たす条件を探し出す
○インタビュー、実地調査、あらゆる手段で〝効く〟「売上要因」を探す
○仮説と検証を繰り返して、売上を上げられる条件を明らかに
○条件を満たすエリアを、攻め込む地域にプロットする
○エリアが決まれば、その中で具体的な〝立地〟を決定する
○ドミナント出店に不可欠な高精度の予測は、「売上要因分析」だからこそ

序 章

すべての“立地”には、売れるためのストーリーがある

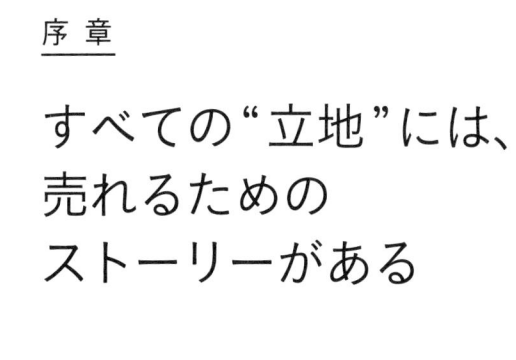

顧客の視点で歩けば、売れる立地が見えてくる

◯3種の異質なエリアが、道一本で隣接する水道橋

東京のJR新宿駅。東口改札を出て地上に出れば、密集したビルと行き交う人々の数に圧倒される。大型家電店の原色の看板がのしかかるように迫り、目新しい中高層のビルに入るファッション店の巨大なウインドウディスプレイに目を奪われる。その合間にいくつもの飲食店やファッション店などが並び、そこをくぐり抜けて百貨店が集まるエリアに行き着くことができる。北側は繁華街になっており、明け方までネオンが煌々と輝く日本を代表する商業の街だ。

無秩序にも見える新宿から東へ約6km、JR東京駅の西側で目にできるのはそれとは対照的な整然とした光景だ。大手町の大通りに並ぶのは高層のオフィスビル。賑やかな看板類やネオン類はほとんど見当たらず、時折ビルの下層階のウインドウに見える有名ブランドのロゴも、街の景観を配慮してか極めて控えめだ。人通りも意外に少ない。同じような光景が南の霞が関、

虎ノ門付近まで続いていく。日本を代表するオフィス街だ。

山手線から離れて東京23区の南、大田区の西にあるのが、誰もが一度は耳にしたことがあるだろう、住宅地の田園調布だ。東急電鉄田園調布駅の東側には食品スーパーがあり、東へ伸びる駅前通りにも個人商店が並ぶ。だが、特に高級住宅街として知られる駅の西側には小さなロータリーが設けられているだけで、そこから同心円上に道が伸び、すぐに住宅地が広がっている。どの道にも街路樹が植えられ、大正時代に開発されたこともあって古い建物も残る。日中の人通りは限られ、静かで穏やかな住宅地だ。

商業の街、オフィス街、住宅地……。街には必ず独特の特徴があり、いくつかに分類することができる。ある街は若者で賑わい、ある街ではお年寄りによく出会う。スーツ姿の人が歩いている街もあれば、カジュアルな装いの人々が行き交う街もある。そしてそこには街にふさわしい店がある。同じ看板を掲げるチェーン店であっても、商業の街の店とオフィス街の店では運営方法は大きく異なる。

どのような〝立地〟ならば、どのような店がふさわしいのか。逆に、ある店を出そうとするならば、どのような〝立地〟を選べば良いのか。街とそこに住む人々、行き交う人々をじっと観察し、数値化し、分析することで、その答えを得ることができる。ふさわしい〝立地〟を科学的に見つけようというのが本書の目的だ。

街によって〝立地〟がいかに違うのか。あちこちの街を見て歩けば良くわかるのだが、極めてわかりやすい街がある。東京・水道橋だ。

ＪＲ山手線の大きな輪のちょうど真ん中付近、ＪＲ総武線の駅がある水道橋駅の乗降客数は1日に16万6千人（２０１４年度、ＪＲ東日本調べ乗車人員８万３千人を２倍）に及ぶ。ＪＲ駅のすぐそばには都営三田線の水道橋駅もあるので、ここでの乗降客数４万５千人（２０１４年度、東京都交通局）を加えれば、１日に20万人以上の人がこの水道橋界隈を乗り降りしていることになる。

乗降客数が一番多いのはＪＲ新宿駅の１５０万人で、水道橋はその10分の1ほどに過ぎないのだが、水道橋は「売れる立地」を見る上で見どころが満載だ。ＪＲ水道橋駅の周辺は、イベントのエリア、オフィス街、そして、学生街という３つの全く違う顔を持つエリアが隣り合っているのだ（図①）。

違う性質のエリアが混在するところは他にもあるが、通り１本でくっきりと分かれ、素人目にもはっきりと違いがわかる街は水道橋を置いて他には簡単に見つからない。いろいろな街の

図①

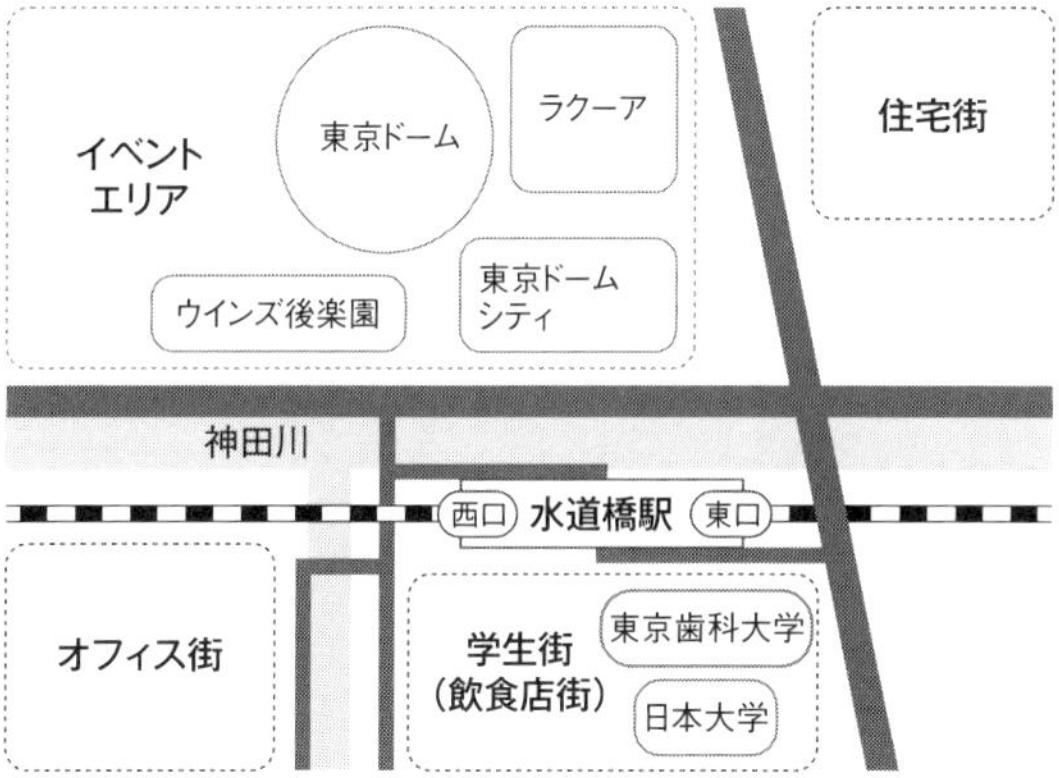

JR水道橋駅の周辺は、イベントのエリア、学生街、オフィス街が道1本でくっきりと分かれている。

特徴をぎゅっと凝縮した、日本の都市縮図とも言えるのが水道橋なのである。

水道橋では3つのエリアへは歩いて行き来ができ、各エリアでの店のあり方を見ているだけで、「売れる立地」とはそもそもどのようなものなのかが自然に理解できる。

3つのエリアのうち、最もわかりやすいのが、JR水道橋駅の北側、東京ドーム周辺だろう。

東京ドームをはじめ、遊園地やショッピングセンターが集まり、ここにやってくる人たちの多くは、毎日このエリアに出社する通勤客ではなく、多様な催し物を目当てに、不定期に訪れる人たちだ。イベントエリアと名付けよう。

東京ドームでは、春から秋にかけてプロ野球の対戦が続き、その合間を縫うようにコンサートや各種イベントが開かれる。シーズンオフも含め、年間を通して多くの人を呼び寄せる巨大な施設だ。その手前にある、ビルの1階から9階まで場外馬券場になっているウインズ後楽園の存在も大きい。競馬シーズンにはこの施設を利用しに大挙して人が訪れる。そして敷地の北側、遊園地やショッピングセンターへも家族連れやカップルが大勢やってくる。多様な人たちが、飲食やショッピングを楽しめる店や施設が点在する。

年中、賑やかなイベントエリアに対し、JR総武線の南、JR水道橋駅の西側は、スーツ姿のサラリーマンが行き来するオフィス街だ。飯田橋ガーデンタワーやトミンタワーなどの高層ビルが並び、その周辺に大小のオフィスビルが密集する。そしてビルの中や周辺には必ず飲食店が存在する。このエリアで働く人たちの胃袋を満たすための店が数多く必要とされている。

JR水道橋駅のプラットフォームは東西に200mほど伸びるが、それをそのまま南側へ下ろしたブロックが学生街だ。JR水道橋駅の東口改札を出た南にそびえ立つのが東京歯科大学のビル。そのまま進めば日本大学が学部に分かれて点在し、さらに南へ進めば東京デザイナー学院や大原簿記学校など専門学校が存在する。ここでは学生のための飲食店をはじめ、低価格を謳う手頃な居酒屋チェーン、カラオケ、そしてコンビニエンスストアなどが数多く営業している。

このように、イベントエリア、オフィス街、そして学生の街。3つのエリアが通りひとつで隣り合い、くっきりと分かれているのが水道橋だ。少し足を伸ばしてJR駅の北東方向に向かえば、住宅地も広がっている。

それぞれのエリアで店を存続させていくには、エリアの性質をよく理解しなければならない。エリアにはそれにふさわしい店が存在する。現在、生き残っている店を観察することで、エリアの性質と店のあり方、そして「売れる立地」が見えてくる。

では、実際に水道橋の街を歩いてみよう。

○わずか30ｍの差で、明暗がくっきりと分かれるカフェと居酒屋

JR水道橋駅西口は、この3つのエリアへの出発点であり、分岐点だ。

西口改札を出た真正面が南北に走る水道橋西通り。そこを渡った向こう側、駅の西側がオフィス街だ。水道橋西通りを渡らずに北へ向かい、そのまま緩やかな傾斜のある歩道橋を歩いていけば東京ドームシティ――イベントエリアに行くことができる。また、西口改札から左(南)に曲がれば、すぐに学生街へ行くことができる(図②)。

図②

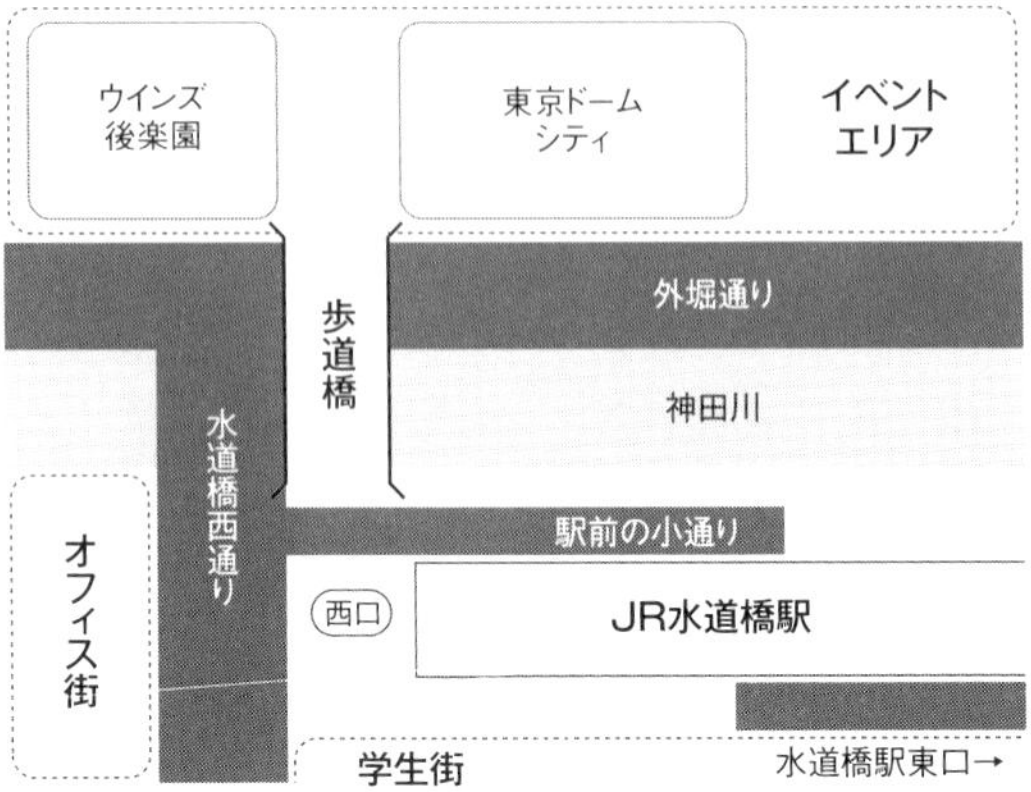

最初に北方向、東京ドームシティを目指してみた。だが、そこへ向かおうと西口を北方向へ出たところでいきなり「売れる立地」についての格好の材料が目に飛び込んできた。

駅を出たところで出くわすのが、目の前を走る小さな通り（駅前の小通り）だ。駅のプラットフォームと平行に、駅舎の前を小さな通りが走っている。道幅は数mに過ぎず、向かい側のブロックは駅に最も近いエリアのひとつだが、実は一筋縄ではいかない場所と言える（図③）。

駅前の小通りに並ぶエクセルシオールカフェと居酒屋の村さ来。〝立地〟は変わらないように見えるが、実は大きな差がある。

図③

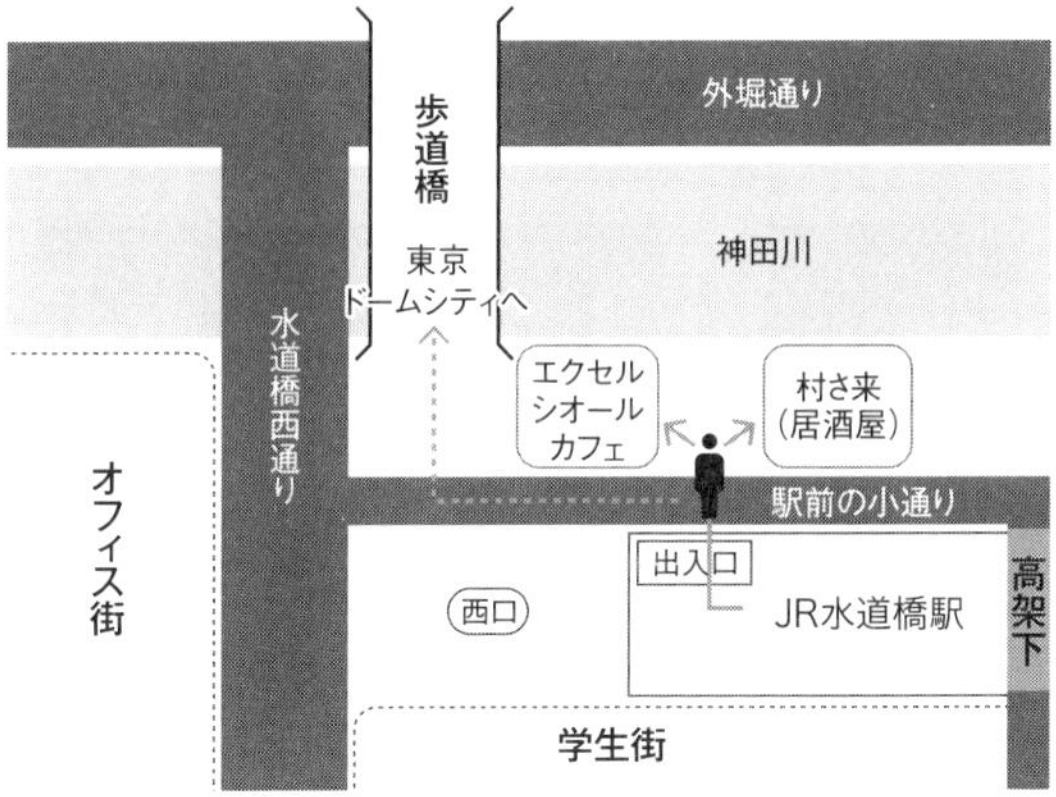

ＪＲ水道橋駅の乗降客数8万3千人を東西2つの出入口で割り、さらに西口の東京ドーム方面、オフィス街、学生街へと3つに分ければ、駅前の小通りに出る人は1日に約1万4千人。駅が開いている時間を朝6時から夜中の12時までの18時間とすれば、5秒に1人がこの通りを渡る計算になる。あくまでも概算ではあるが、朝から晩まで平均で5秒に1人が通る道ならば、日中はさらに多くの人が通るはずだ。この駅のすぐ北側の通りにはどのような店を出店しても成功しそうなものだが、現実のこの小さな通り沿いは賑わっているようには見えない。なぜなのか？

道の構造が曲者なのだ。

駅前の小通りを左へ向かえばすぐに水道橋西

図④

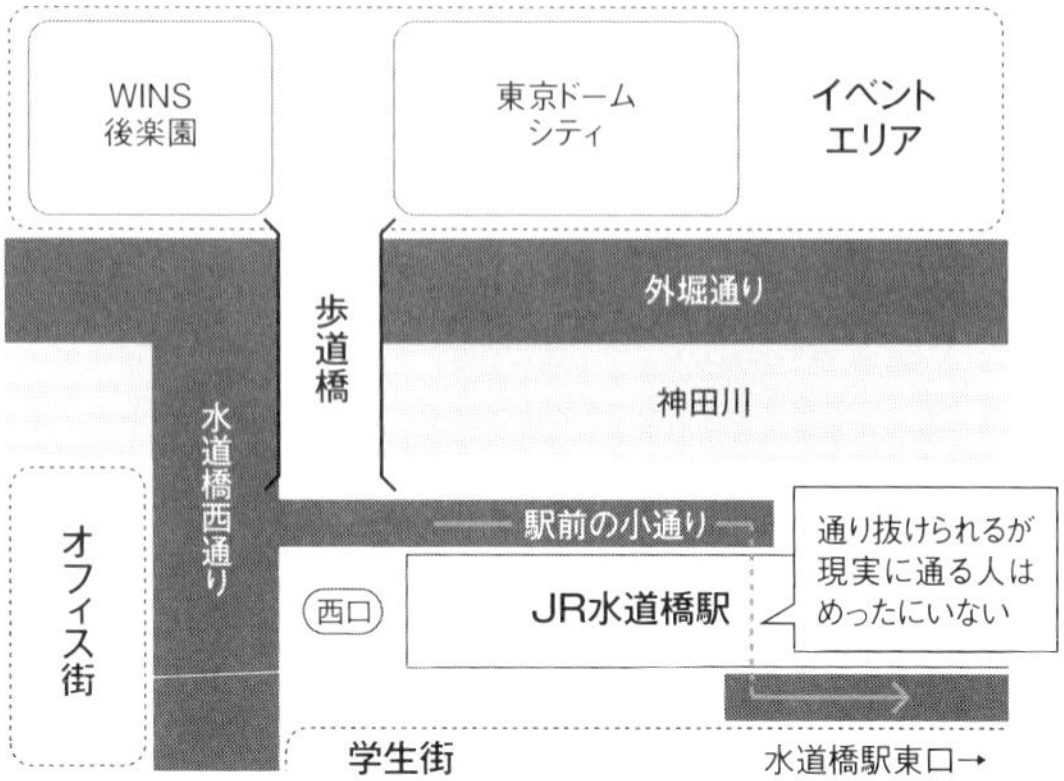

通りとの交差点に突き当たる。逆に右へ進めば150mほどで折れ曲がり、総武線の下をくぐり抜けて駅の南のブロックへと通じる。行き止まりなどではなく通り抜けは可能なのだが、現実にここを通り抜けていく人は極めて少ないようだ（図④）。

東京ドームをはじめ、駅北側のイベントエリアへ行くならば、駅の出入口から北へ向かえば良い。また、オフィス街へ行きたければ西側の水道橋西通りを渡らなければならない。

学生街へ向かいたいのであれば、西口改札を出てすぐに南側へ向かえばすむ。西口の北側から出て、わざわざ総武線沿いに東へ向かってから南の学生街へ回り込む必要はない。回り込んだ先はむしろ東口が近いので、最初から東口を利用すれば良い。

駅に面して走るこの小さな通り沿いは、一見、駅に最も近い良好な〝立地〟だが、実は、目的がある人しか来ない場所だ。そして、それに気づくか気づかないかで店の明暗がくっきりと分かれるのである。

○どちらも「駅近」だが、立地の価値は雲泥の差がある

話を、西口改札を出て右(北)の出口から出たところに戻そう(図⑤)。

駅から出ると、まず、よく知られたエクセルシオールカフェが目に飛び込んでくる。このカフェは、すぐ西側を南北に走る水道橋西通り沿いに面し、信号のある交差点の角にある。繁盛していることは間違いない。これから東京ドームシティ方面へ向かう人は必ずその前を通る。逆に、東京ドームシティ方面からJR水道橋駅へ帰ってくる人も必ずこの前を通る。いやでも青と緑の見慣れた看板が目に入り、カフェに行くことなど全く考えていなかった人であっても、ちょっと一休みしていこうかという気持ちにさせる〝立地〟にこのカフェはある。

一方、駅の出入口から右前方にある居酒屋の村さ来はどうだろうか。

図⑤

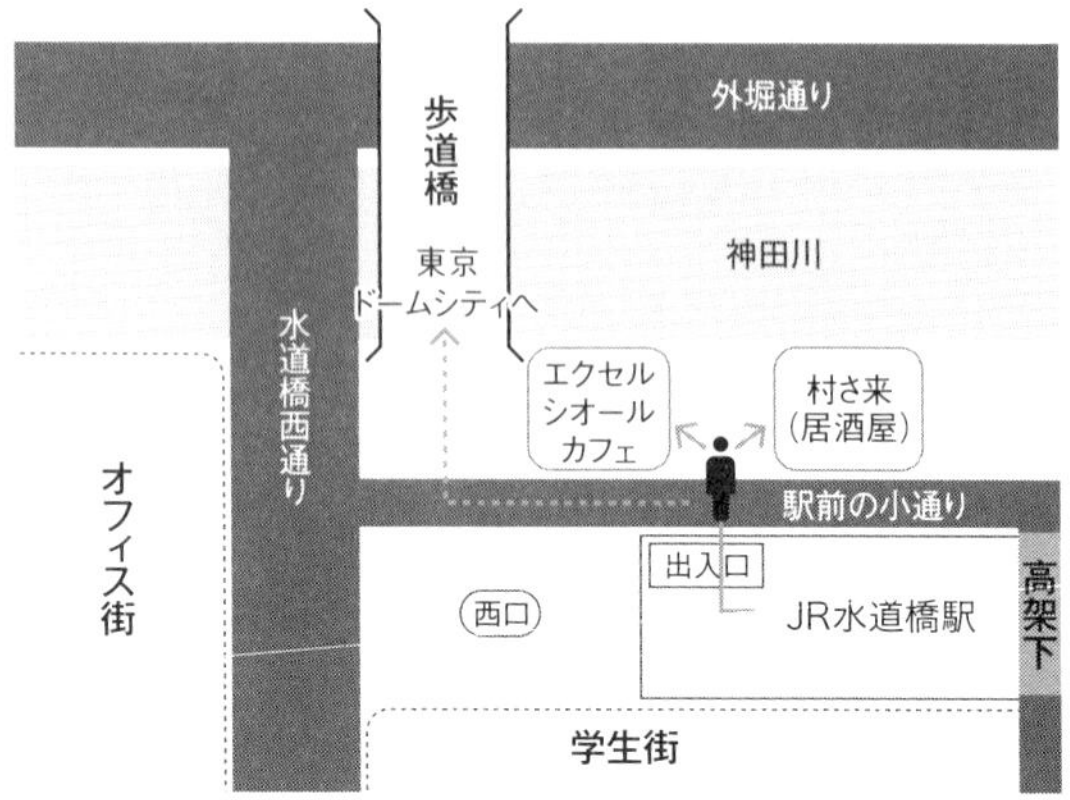

駅の出入口から見れば、エクセルシオールカフェも村さ来もどちらも左手前方にあるか右前方なのかの違いだけで、全く対等に見える。実際、二等辺三角形の同じ長さの辺の先にあるようなものだ。

だが、数学的に対等であっても、〝立地〟が対等とは限らない。むしろ2つの店の〝立地〟には雲泥の差がある。

前述通り、道を左へ向かえばすぐに水道橋西通りにぶつかり、エクセルシオールカフェはその交差点にある。駅からの人も、初めから水道橋西通りの歩道を歩いている人にも、エクセルシオールカフェの看板は目に入り、両方からの集客が見込めるだろう。

しかし、一方の村さ来は目の前の小さな通りにしか面しておらず、ここを歩く人は滅多にいない。すでに述べたように駅の出入口から出て、右へ向かう必要はほとんどないからだ。

この出入口から外へ出る人の大半は、左手へ向かうだろう。東京ドームシティもオフィス街もそちらにある。そして、そのような人たちは、わざわざ右側に顔を向けて村さ来を視界にとらえることはない。大きな看板を目にとめることすらなく、左手へまっすぐ向かう。ごくたまに村さ来の看板を目にする人がいても、視界の隅にとらえたころにはすでに左手前方へ進んでおり、わざわざ方向を変えることはないはずだ。

この村さ来へ向かう人がいるとすれば、友人と飲むためか、会社の宴会があるのか、いずれにしても以前からそこに居酒屋があることを知っており、その日は居酒屋へ行くと最初から決めている人たちだ。

左前方のエクセルシオールカフェと右前方の村さ来は30ｍも離れていない。不動産屋を訪ねればどちらも最も「駅近」の物件であり、家賃も同じ水準に違いない。だが、わずかな差が店の売上に大きな違いをもたらしてしまう。〝立地〟が全く違うのである。

〝非日常〟のエリアだから必要になる日常の店
――イベントエリアへ

○〝非日常〟の最たる場の入口に、なぜファミレスとコンビニが？

駅のすぐそばで思わぬ寄り道をしたが、改めて初めに行くつもりだった東京ドームシティへ向かうことにしよう（図⑥）。

ＪＲ水道橋駅西口からは、北側の出口を出て左手前方、前述のエクセルシオールカフェの交差点を北方向へまっすぐ進めば良い。すぐに傾斜のついた歩道橋が始まり、そのまま80ｍほど歩けば、途中にある6車線の外堀通りを楽々越えて、東京ドームシティの入口までたどり着くことができる（歩道橋）。

歩道橋の上から見える、左手前方、東京ドームシティの入口に建つビルがウインズ後楽園だ。1階から9階までが馬券の発売所と払戻所になっており、週末は人で賑わう。

図⑥

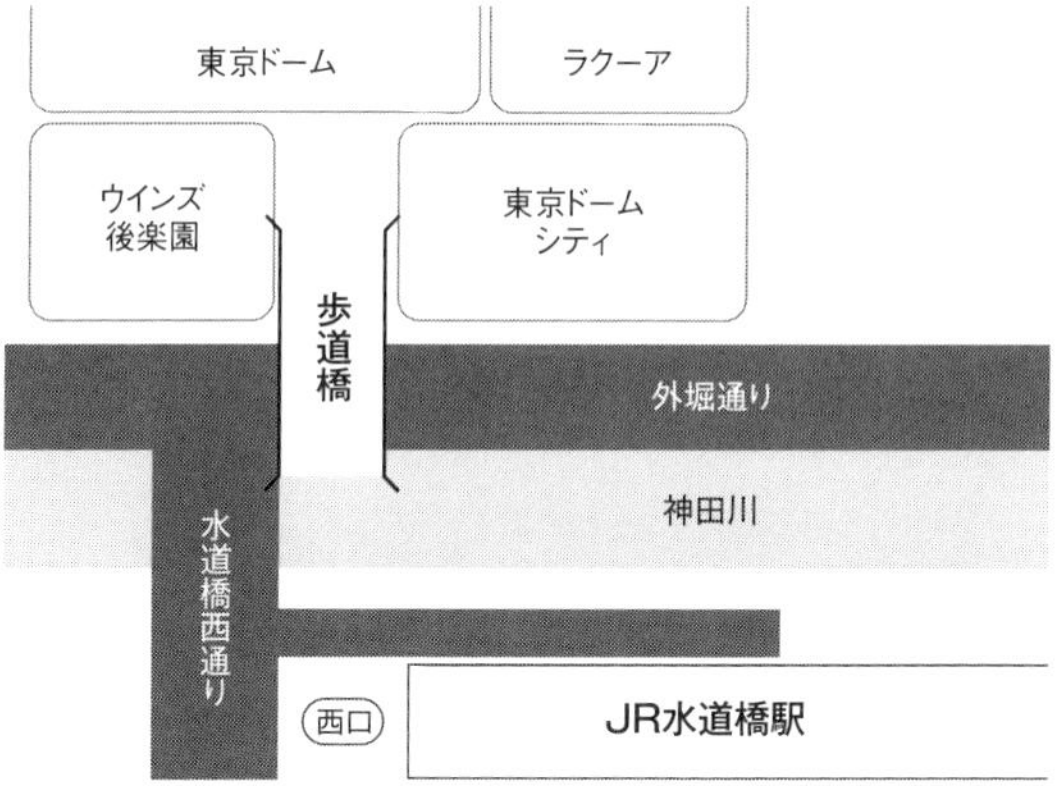

東京ドームシティの入口から150mほど直進すれば、東京ドームにぶつかる。ここで行われるプロ野球の試合は、毎年3月からのオープン戦も含めると10月までのシーズン中に約80試合。8ヵ月の間にざっと3日に1度はゲームがある計算だ。また、シーズンオフも東京ドームでは連日のようにイベントが開催され、野球のシーズン中もゲームの合間を縫うようにコンサートやイベントが開かれている。年間通して365日のうち約3分の2以上、何らかの催しが行われている。

東京ドームシティの東側から北側にかけては、遊園地の東京ドームシティアトラクションズとショッピングビルのラクーア（LaQua）が一体となって並んでいる。都営三田線の水道橋駅か

ＪＲの東口、あるいは東京メトロの後楽園駅が近いため、そちらから来る人が多いだろうが、ＪＲの西口から向かう人も少なくないはずだ。東京ドーム、遊園地、ショッピングセンターが一体となった巨大な存在であり、どの駅から入ってきてもおかしくはない。

こうして年中イベントが行われている特殊なエリアなので、中にある店もさぞかし特殊なのだろうと思われるが、歩道橋を渡って最初に目に飛び込んできたのは、意外にも全国チェーンのファミレス、デニーズだった。東京ドームシティの入口ゲートをくぐったすぐ先、左のウインズ後楽園に見覚えのある黄色地に赤色の看板が見えた。そこから階段を上れば店に直行だ。

年中、お祭り騒ぎの〝非日常〟の最たるエリアで最初に見つけたのが、高級なレストランでもなければ、しゃれたバーでもなく、あまりにも良く知られたファミレス。だが、ここにファミレスがあることは非常に理にかなっている。デニーズにとってここほど優れた立地は、全国隅々まで探しても他にはそうないだろう。

好立地である最も大きな理由は、誰から見ても明らかなように、目の前を通る膨大な人の数であり多様な人が通行していることだ。東京ドームへ向かう人も、ウインズ後楽園へ向かう人も、遊園地やショッピングセンターのラクーアに買い物に行く人も、ＪＲ水道橋西口から向かうには必ずここを通る。そして行きに通れば、帰りにも通るはずだ。

店にとって目の前を膨大な数の人が通り抜けることは何を置いても大事なことであり、しごく当たり前のように思えるかもしれないが、特にこの場所ではファミレスだから大きな意味がある。

東京ドームシティには、ある人は野球観戦のため、またある人は買い物のため、また別のカップルはデートのため、家族連れならば遊園地で遊ぶためにやってくる。そのような違った目的を持った多様な人たちが通り過ぎるのが、東京ドームシティの入口である。

そして、年齢に大きな開きがあっても、ここへ来た目的が違っても、子どもからお年寄りまで誰でも受け入れることができるのがファミレスだ。しかも、これから野球観戦や買い物に行こうとしている人でも、遊園地でさんざん遊んで疲れ切った帰りがけの家族でも、気軽に誰でも立ち寄れる。どのような人のどのような状況でも、すべて受け入れてしまうのがファミレスなのだ。

◯毎回〝初めて来る人〟たちのために必要な店とは？

ここを通る人は〝多様な状況にある多様な層の人〟と、ひと言で表現したが、実はもうひとつの大事な特徴がある。大部分の人たちは、おそらくここへはごくたまにしか来ない人たちである、ということだ。

無類の野球好きや、ジェットコースター好きの人がいて、ひょっとしたら毎日ここへ来ている人がいるかもしれない。だが、大部分の人はここへは文字通り〝非日常性〟を求めにやってくる。毎日来ていては〝日常〟になってしまう。せいぜい月に1度か2度、訪れる程度ではないだろうか。

実は、人は自分が通る道にどのような店があるのか、すべて正確に記憶していることはあまりない。毎日通勤や通学で通っている道であってもそうなのだ。ましてや、ごくたまにしか通らない道沿いの店を覚えていることは、ほとんどないと言ってもいいだろう。

たまに東京ドームシティを訪れる人にとって、通り道にある店の大半は、毎回、初めて見るようなものだ。その場所に、あまり名の知られていない飲食店があればどうだろうか。まず、入るのに躊躇するだろう。立て看板や外に置かれたメニューを見れば食べたいものがあるのかどうか、値段が相応かどうかはわかるだろうが、雰囲気まではわからない。特に、帰りがけの疲れた状態ならば、考えることも面倒になる。

そのような時、良く知っているファミレスであればなんとなく安心できる。値段も味も見当がつき、がっかりする心配もない。小さな子ども連れでも隣の人に気兼ねすることなく過ごせるに違いない。前に一度、入ったことがあっても、別のメニューを頼めば良い。知らない店よりも馴染みの店が好ましいと考え、けっこうな回数ついつい足を運んでいる人は多いはずだ。

デニーズの少し先には、コンビニエンスストアのローソンがある。〝非日常〟の最たるエリアでよく見るファミレスの次にあるのがやはり良くあるコンビニ。これもまた全く同じ理由である。

ファミレス同様、コンビニも顧客を選ばない。馬券を買いに来る人も、イベント目当てにやってくる人も、どのような人であっても受け入れてしまう。確かに、ここでは野球観戦に必要なアイテムなど、特別な品揃えが必要になることがあるかもしれないが、何かほしくなった時に気軽に立ち寄れて、とりあえずひと通りのものが最低限揃うコンビニの実用性と安心感が、この場所だからこそ発揮される。

ファミレスとコンビニという顧客を選ばない業態が、東京ドームシティの入口に並んでいることは非常に理にかなっていると言える。

膨大な通行量はどのような店にとっても好都合には違いない。だが、それを本当に活かし切れるかどうかは、業態によって大きく変わる。どのような人が通るのか、そしてそのような人たちを本当に受け入れられる業態なのか、それを見極める必要がある。

雑居ビルが密集する学生街、似合うのはやはりラーメン店?

◯居酒屋、ラーメン、蕎麦屋、密集する街で盤石なのはやはりコンビニ

東京ドームシティをぐるりと回った後は南へ向かい、再びJR水道橋駅を目指す。外堀通りと神田川を渡れば東口だ。そこを横目にさらに南へ進めば、学生の街に行き着く(図⑦)。

図⑦

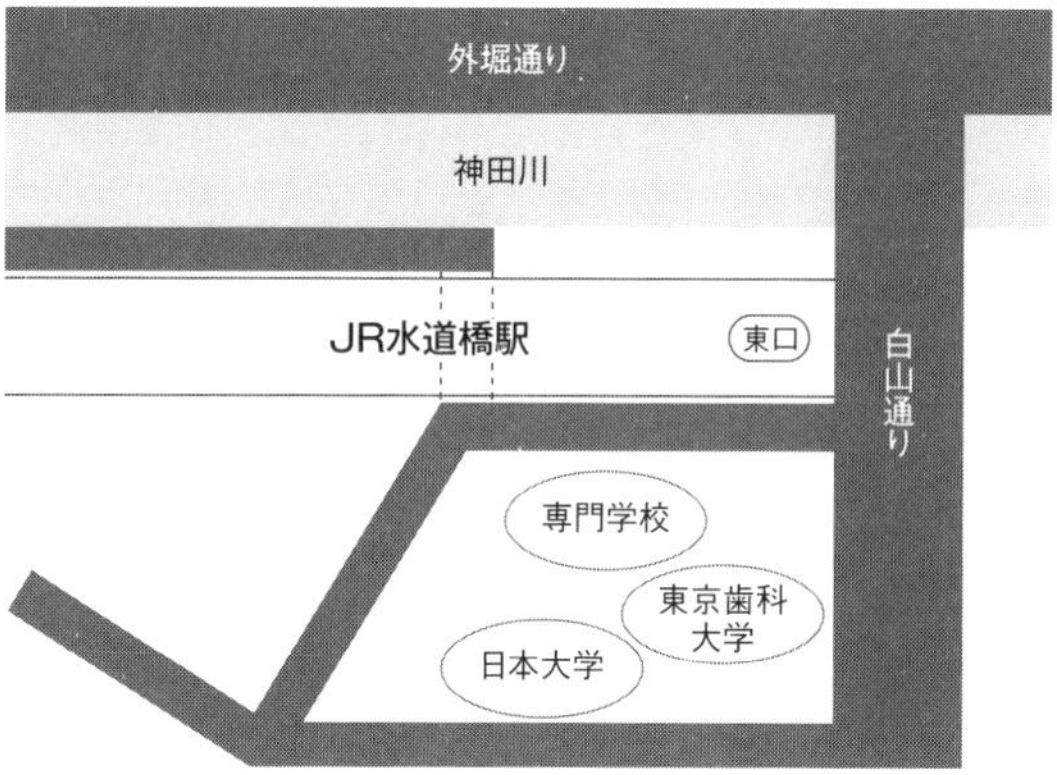

ＪＲ水道橋駅東口のすぐ南側が東京歯科大学だ。１階から５階までは同大学の水道橋病院として口腔外科の診療室をはじめ、高度歯科医療センターなどの専門医療機関が揃う。上階は講義室や研究室など大学校舎の本館だ。

そのまま１ブロックほど進めば東京歯科大学の新館ビルがあり、周辺には日本大学の経済学部と法学部が10以上の建物に分かれて点在する。さらに南へ進めば簿記専門学校やデザイナー専門学校も現れる。周りには予備校も、また、東側を南北に走る白山通りを渡れば、そこにも大学や高校、専門学校が集まっている。

大学、高校、予備校が点在しつつ、その合間を縫うように３～４階の古いオフィスビルも密集するエリアだ。そのため街を歩いているのは若い学生だけでなく、サラリーマンらしきスーツ姿の男性や女性を見ることもできる。

だが、いずれにしても街の雰囲気は一変する。特に、東京ドームシティを見てきた後に訪れれば、東西に走る総武線と中央線を境にハレの華やかさはすっかり消え、別世界へ踏み込んだことがはっきりとする。そしてそこで展開されている店の様子もかなり違ったものになっている。

まず飲食店の違いが目に入る。白山通り沿いでまず目に入るのが居酒屋やラーメン店、そば屋だ。大学の高層ビルの合間にある、古い低層ビルの1階に小さな店を並べている。手頃な値段で、しかも短時間で空腹を満たせる店が学生やサラリーマンに受けるのだろう。ビルが小さいため、いずれも間口の小さな店だ。

通りから一歩、ブロックの中に入ると道幅はぐっと狭くなり低層ビルが密集した街になる。扱う品は変わるが、やはりその1階に軒を並べるのが小さな飲食店だ。寿司、焼き肉、餃子、牛丼を扱う個人店、チェーン店が混在している。

ひとつひとつの店前はもちろんきれいに掃除されているが、街の密集度とビルの古さがあいまって乱雑な印象は拭えない。街全体としての統一感のなさがごちゃごちゃした印象を余計に強めている。

その中にあっても、比較的新しいビルに入り、洗練されて見えるのがコンビニエンスストアだ。このエリアでもあちらこちらにあり、駅の近くでは30mほど離れて違うチェーンのコンビニが向かい合って建っているほどだ。

売れるのは、昼の弁当やおやつ代わりの軽食や飲料だろう。文具など学生街特有の傾向があるのかもしれない。コンビニの品揃えはどの店でも約6割が共通し、運営方針の違いで約4割に差が出ると言われるが、これだけ近ければ真正面の競合は避けられない。それでもどちらの店も成り立っているのは、このエリアに一定の数の学生とサラリーマンがいるためだろう。どのような客層でも受け入れることのできるコンビニという業態の強さがここでもよく表れている。

○小さいながらも実は経営は手堅い西口のカフェ

再び西口エリアに戻り、南側へ向かう（図⑧）。視線を少し上に向けて店の看板を探していくと、目に留まるのが駅前の居酒屋だ。5階建てのビルの2階に大手チェーン、笑笑の看板がデカデカと掲げられている。

低価格を謳う居酒屋チェーンはまさに学生の街にふさわしい。コンパや行事の打ち上げなど、学生は年中、何かしら居酒屋を利用する需要がある。友人同士で安く飲める居酒屋が駅前にあることは非常に理にかなっている。

だが、この店は学生とともにサラリーマンの利用も多いはずだ。まず、学生街の中のオフィスに勤めるサラリーマンの利用があるだろう。また、ここは学生街の中でも西側、JR水道橋駅西口のすぐ南側に位置し、水道橋西通りを西へ渡ればオフィス街だ。オフィス街からJR水道橋駅を目指す人にとっては、横断歩道を渡る時に必ずこの看板が目に入る。そこからやってくるサラリーマンもいるはずだ。

もうひとつ注目したい店が、この居酒屋とともにこのビルに入るドトールコーヒーだ。JR水道橋駅西口の北側のエクセルシオールカフェについてはすでに触れた。北の東京ドームへ向かう途中にある店だったが、こちらは同じJR水道橋駅の西口でも逆方向、南の学生街に向かってすぐのところにある店だ。

総武線や中央線を挟んで対照的な場所にあるのだが、単に位置が南北の対になっているだけでなく、運営についても好対照の店と言える。

図⑧

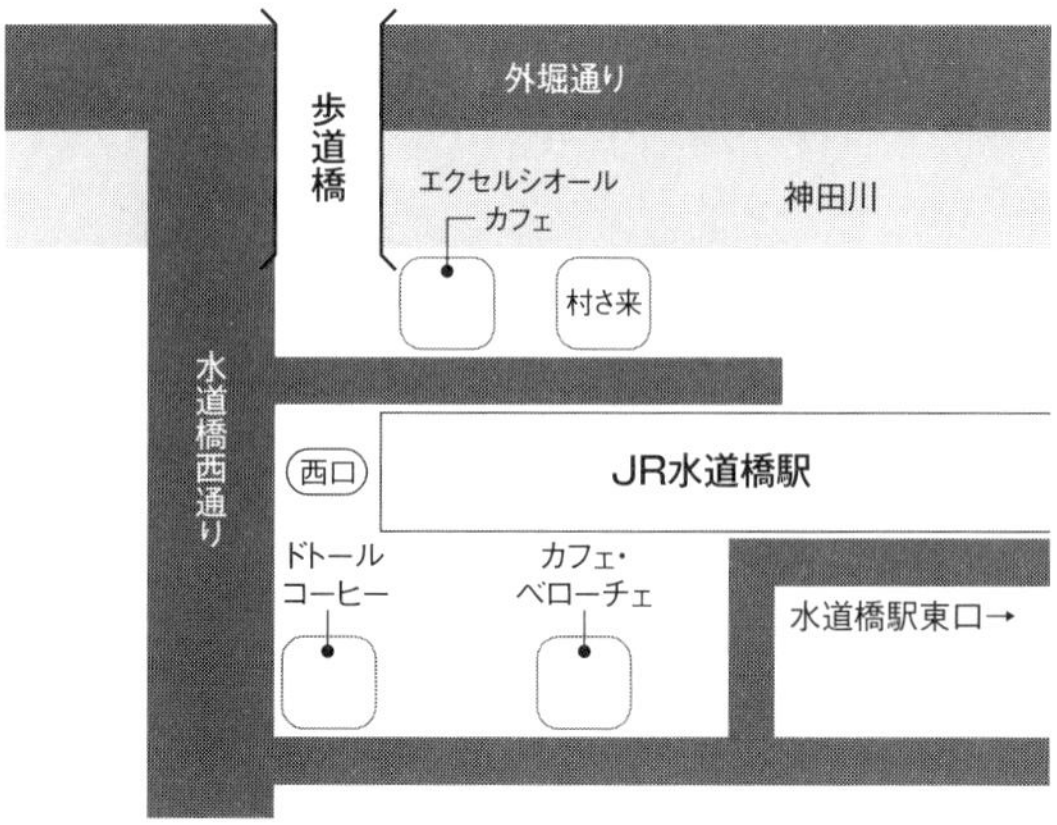

まず、学生街のドトールコーヒーは狭い。5階建てのビルの床面積自体は一般的な街中の雑居ビルよりも広いが、隣に大きな階段があるため場所を取られ、店の軒先は雑居ビルの店並みの幅しか取れていない。店内には1階と地下1階に100ほどの席がある。

対して北側のエクセルシオールカフェには1階と2階に150ほどの席がある。席数で言えば1.5倍とそれほどの差ではないように感じるが、南のドトールコーヒーは1階と地下に、北側のエクセルシオールカフェは1階と2階に席があり、印象は大きく違う。同じ2フロアでも、エクセルシオールカフェのほうが大きな開放感を持つ。

だが、売上で言えば大きな差はなさそうだ。

これは何を意味しているのか。

席の配置から運営方針に大きな違いがあることがわかる。エクセルシオールカフェは実際に店でコーヒーやサンドイッチを食べてくつろいでもらうイートインの店だ。広い店内には1階、2階とも窓があり、外の景色を眺めながら開放感にひたることができる。

対するドトールコーヒーはテイクアウトが需要も見込める。顧客はカウンターで注文した品をそのまま持ち帰り、大学やオフィスのデスクで食べたり飲んだりする。

イートインにするのか、テイクアウトの店にするのか、チェーンによって方針は分かれる。また、両方の要素を採り入れた店を展開するチェーンもあるが、どっちつかずの中途半端な方針ではなく、どちらの比重を高くするのかをあらかじめしっかりと定めておく必要がある。

店の造りだけ見れば、JR水道橋駅西口のエクセルシオールカフェのほうが断然、有利に見える。店舗面積は大きく開放感に満ちて居心地が良い。実際にくつろぎたいのであればこちらの店を選ぶ人は多いだろう。

その点、ドトールコーヒーは明らかに不利だ。面積は狭く、席についても窮屈な印象は拭えない。地下なら余計にそう感じるだろう。

だが、テイクアウトの店ならば運営には問題はない。注文を受けてすぐに作って渡せば回転率は大きく伸びる。面積が小さければ賃料はかからない。狭くいかにも悪い〝立地〟に見えるが、テイクアウト需要があれば決して不利にはならない。むしろ駅前にあるポジションの利点のほうが大きく〝効いてくる〟。

実は、学生街にもうひとつ好対照な第3のカフェが存在する。

前述のJR駅西口の南にあるドトールコーヒーから、学生街の中に向かって約100mのところにあるカフェ・ベローチェだ。比較的新しいビルの1階にあり、店の広さは駅前のドトールコーヒーの3倍ほどに及ぶ。道路に沿って全面がガラス張りになっており、明るい店内でいかにもくつろげそうな店だ。

カフェ・ベローチェは、駅前などの〝一等地〟にこだわらないのが特徴だ。駅から見えない所であっても、場所さえわかればすぐに行くことのできる1・5等地に店を出す。駅前ほど家賃はかからないため、店の面積を広く取ることができる。そのメリットを活かして展開するのが、テイクアウトではなく、顧客が店内でゆっくり過ごせるイートインの店だ。

初めて行く顧客にとって場所は決してわかりやすいとは言えない。また、駅や交通量の多い通り沿いからは離れているため、ふと見つけて立ち寄るというタイプの店でもない。だが、一度利用すれば、いつ来ても座ることができることが支持され、リピート客が増えていく。

イートインでいくのか、テイクアウトを重視するのか。同じ学生街であっても戦略しだいで店のあり方は大きく変わる。カフェだけでなくファストフード店でも〝立地〟を見極め、判断すべき事項だ。

人が大勢いても店の運営・維持が難しいオフィス街

◯成り立つか成り立たないかの指標は回転数——飲食店

ＪＲ水道橋駅西口の目の前を走る大通りを越えて西側に渡ればオフィス街だ。飯田橋ガーデンタワーやトミンタワーなどの高層ビルが並び、その周辺に大小の低中層のオフィスビルが肩を寄せ合うように密集している（図⑨）。

図⑨

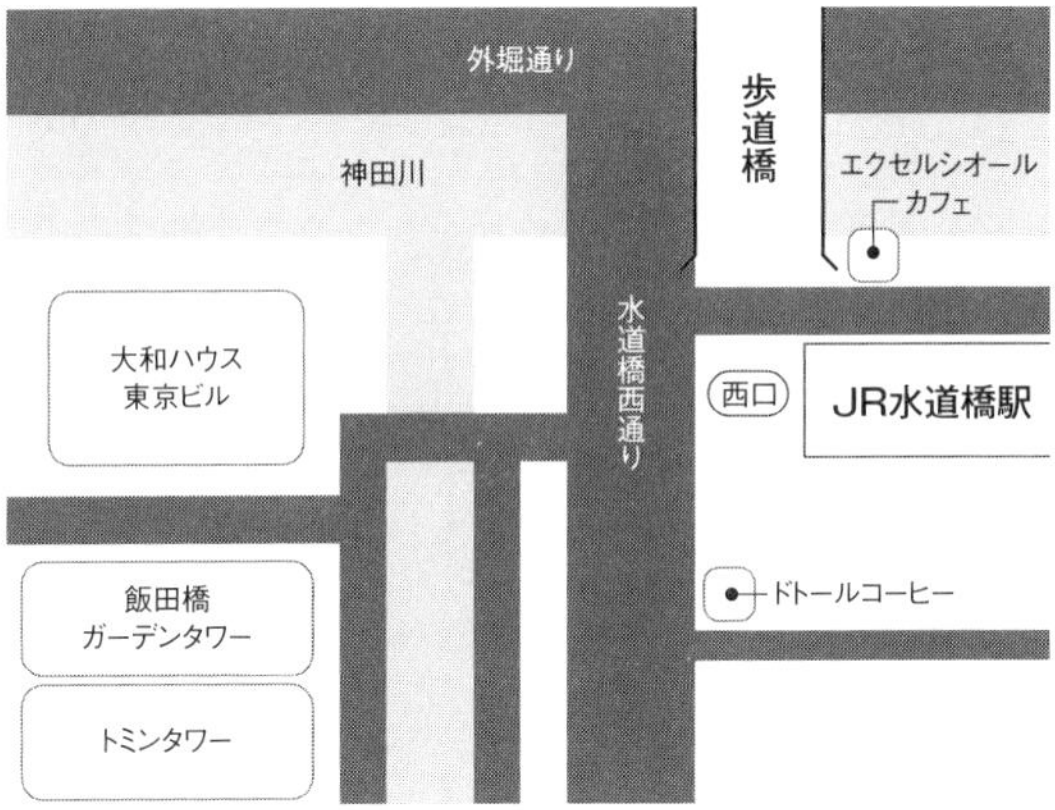

本章の冒頭に、ここのエリアに勤める人の胃袋を満たすための飲食店が数多く必要とされている、と書いた。確かに、飲食店が必要とされていることは間違いないが、店を運営する側からすると維持することは簡単ではない。

オフィス街の特徴として、平日の日中は大勢の人がエリア内にいる。だが、就業時間を終えた夜の人口は激減し、土日祝日となればほとんど人の姿は見えない。また、平日の日中であっても、人が食事をする時間は昼休みや就業後などごく限られている。ほとんどが昼に集中すると言っていいだろう。会社に残って残業するために食事をするということは考えられるが、帰宅する人が自分の会社の近くで食べて帰ることは考えにくい。

さらに、オフィス街の家賃は決して安くはない。オフィス街で店を運営・維持するためには、このような人口の極端な変化を考慮に入れた上で、経営が成り立つ方法を考える必要がある。

そのひとつの答えがテイクアウト型の店だ。

学生街のところでも触れたように、注文を受けてその場で作り、品物を渡せばそれですむテイクアウト型の店は、店内が狭くとも成り立ち、高い家賃の悩みは幾分解消されるはずだ。この水道橋のオフィス街でもそのような店は数多く存在する。

そのひとつは学生街と同様、カフェだ。このオフィス街でも、2つの高層ビルにそれぞれ違うチェーンのカフェが入っている。両方とも座席数は50席前後で、学生街にあったドトールコーヒーの半分、エクセルシオールカフェの3分の1の規模だ。高層ビルで働く人の数からすればもっと座席数があっても良さそうだが、それでは店を維持できないことを経営者は知っているのだろう。店内に顧客をつなぎとめてゆっくり飲んでもらうつもりはなく、テイクアウトでどんどん品物を出して回転数を高く維持して運営していくモデルだ。

業種は全く違うが、うどん店も同じ考え方だ。さすがにうどんをテイクアウトというわけにはいかないが、店内の造りは極めて簡素で、立ち食いに近い。実際に立ち食いのスペースを設けている店もある。

昼のピーク時にはスピーディに対応していく。とてもゆっくり食事を楽しむという雰囲気ではないが、忙しいサラリーマンにとっては短時間で腹を満たせるところがかえってありがたい。うどん店と名乗っているが、カツ丼や親子丼などご飯物も揃えた店もあり、数日続けて来店しても飽きることはない。うどん店は高層のオフィスビルにも低層のビルにもいくつか入っており、このオフィス街ではすっかり定着している業種のひとつだ。

同じ趣旨でそば屋もこのようなエリアにはふさわしい。短時間で食べられる上に、そばの場合、一般の食事の時間以外でも小腹を満たすための〝軽食〟的な需要がある。小さな店であっても、昼食時間から夕方まで細々とながらも客が途絶えなければ経営は成り立つ。

○オフィス街では難しい、じっくり顧客をつなぎとめるモデル

これらと対照的な店もある。比較的低層のビルの1階に店を出している喫茶室ルノアールだ。席数こそ50席そこそこと前述の高層ビルに入る2つのカフェと同じ規模だが、こちらは高級感を漂わせた造りの店内に柔らかなソファを用意して、じっくり腰を落ち着けられるように配慮している。

コーヒーなど飲み物の価格は、前述した高層ビルに入る店の2倍以上だ。家賃は高層ビルに入るほど高くはないはずだ。顧客が店内に長時間いれば回転率は悪くなるが、それを商品の価格と低めの家賃で補い、利益を確保しようというモデルだ。

考え方としては、このようなオフィス街で広めのスペースを取った飲食店があり得ないわけではない。昼食時、大勢の顧客の集中的な需要に応える。そのためできるだけ短時間で食事ができるメニューを揃え回転数を上げる。昼食の時間以外でも利用できるようお茶やケーキなどのメニューも用意してスペースが遊ばないようにする。そのような店だ。

学生街の章で登場したカフェ・ベローチェがまさにその方針で運営している。駅前などの一等地ではなく、少し離れたところに広めの店がある。昼食時、広めのスペースの利点をフル活用して大勢の顧客を取り込み、それ以外の時間でもいつ行っても座ることができるメリットを打ち出して、学生やサラリーマンの打ち合わせや休憩などに使ってもらえる。

このチェーンの店ならば水道橋のオフィス街にもあっても良さそうだが、今のところ出店する様子はない。昼食時以外の需要がどれほどあるのかが課題なのだろう。学生街ならば、昼食時以外でも、授業の合間に学生が立ち寄ることはあるのだろうが、オフィス街ではサラリーマンが食卓の時間外に気軽に利用することはできないのだろう。

学生とサラリーマンの2つの層が混在する学生街、一方、サラリーマンが大部分を占めるオフィス街、わずかな差のようだが、店を維持する側にとっては大きな違いとなって表れている。

ちなみに、オフィス街には飲食店以外の店がほとんど見当たらないものの、コンビニエンスストアだけは存在する。各高層ビルには必ず1店ずつ入り、かつ、街の要所にも点在している。どのような客層にも対応できるのがコンビニだが、サラリーマンという限られた層を相手にするエリアでも立派にビジネスを展開している。昼の時間帯など利用が集中する状況でも、レジを増やしたり、弁当を温めるレンジの台数を増やしたりすることで、需要に対し柔軟に対応できるのである。非日常のイベントのエリアでも、学生街でも、そしてこのオフィス街でも、しぶとく生き残るコンビニエンスストアの柔軟さとしたたかさについては、今後もたびたび触れていきたい。

◯突如、現れる大穴場の〝立地〟の可能性を引き出すには？

イベントエリア、学生街、オフィス街という全く違う3つのエリアの店のあり方を見てきたわけだが、水道橋にはそれに属さない珍しい空間も存在し、そこでも興味深い現象を見ること

図⑩

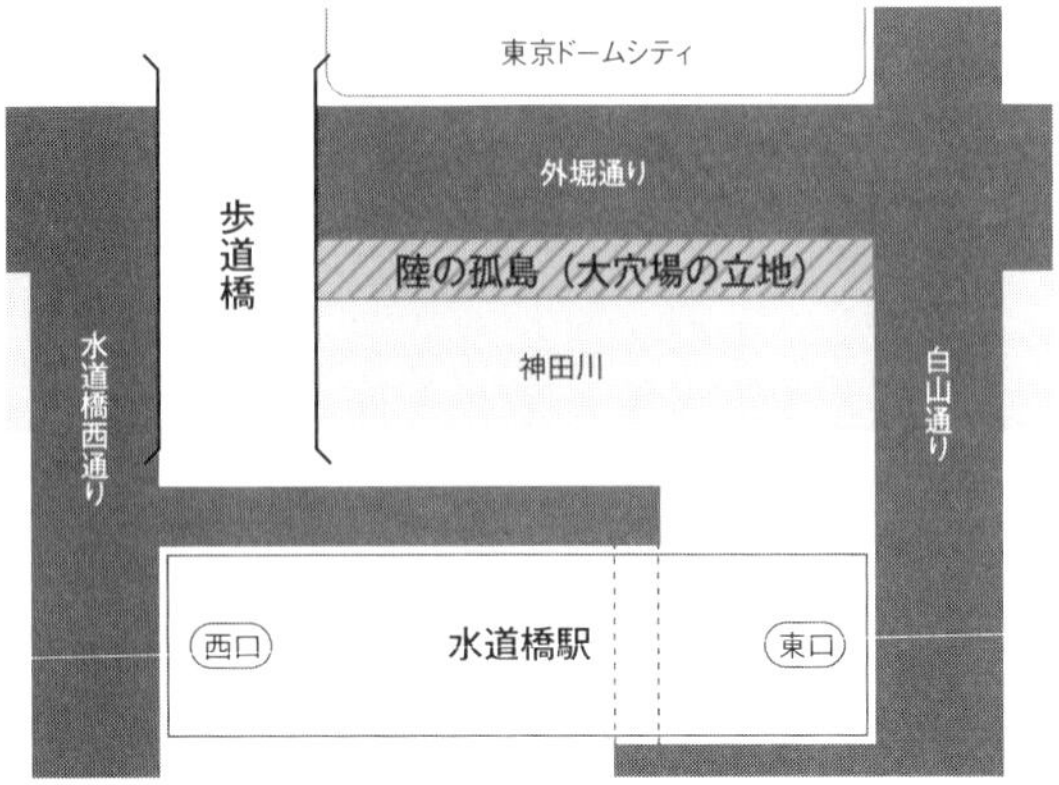

ができる。

まず、ＪＲ水道橋駅の北側だ。外堀通りを越えれば、東京ドームシティ、つまりイベントのエリアで、また、駅の南側は学生街だが、そのちょうど中間、神田川と外堀通りの間にそのどちらでもない空間が存在する（図⑩）。

神田川の両岸の細長い場所にビルが並び、特に外堀通り沿いは高層の比較的新しいビルが立ち並ぶオフィス街に見える。事実、オフィス街に違いないのだが、ビルの背中はすぐに神田川が迫り、狭いスペースに１層ずつかろうじて並んでいるだけの空間だ。つまり、北は外堀通り、南は神田川、東は白山通り、そして西も南北に大通りが走り、それらに分断された孤立した空間になっている。

〝陸の孤島〟と呼んではここに勤めている人にとって違和感があるだろうが、ここで店を持つ人にとってはこの表現がふさわしい。

たとえば昼食時、ここで働く人たちが食事に出た場合、東側のビルに入居するマクドナルドに行くか、横断歩道を渡って外堀通りの向こうの東京ドームシティ側へ行く必要がある。

だが、逆のことはありそうもない。店数や種類は圧倒的に東京ドームシティ側が豊富にあり、わざわざ東京ドームシティ側から、こちらの空間へ食事に来る人は稀だろう。また、外堀通りの自動車の往来は激しいが、限られた空間では駐車場のスペースを取ることはできない。自動車の来店を期待することはできない。

つまり、この空間で店を運営しようとするならば、出て行く人はあっても、入ってくる人はいないという不利な条件を覚悟しなければならない。東西300m弱、南北は厚いところで30mに過ぎないスペースに建つ十数棟のビルで働く人たちを相手にするわけなので、すべて取りこぼしなく把握するぐらいの気持ちで挑まなければビジネスは成り立たないわけだ。

現在、このエリアでは一部のビルの1~2階にファストフード店が数軒入っているが、それは細長いスペースの東側に集中している。JR水道橋駅の東口を利用する人も当て込んでのことだろうが、その人たちがわざわざ駅に向かおうとしているのを曲げてこの空間の店に向かうかどうか、難しいところだろう。車の往来は激しく、ＪＲ駅に向かう人は絶えることはない。そこから数十ｍ離れているに過ぎない空間であっても、店を運営するには決して良い〝立地〟とは言えないのである。

ただし、この神田川と外堀通りの間の狭い空間であっても、唯一、店を運営すれば大成功間違いなしという〝立地〟がある。東の端だ。ちょうど東京ドームシティ側からＪＲ水道橋駅東口に向かえば、外堀通りにかかる横断歩道を渡っている間、ほぼ真正面に位置するところだ。仮にここに飲食店を開けば、ちょっと立ち寄っていこうかという気にさせるはずだ。また、コンビニエンスストアならば大繁盛するに違いない。だが、ビルの床面積が足りない。今は中層のビルが建ち、その１階でチケット店が営業している。

時折、都心にはこのような〝大穴場〟の〝立地〟が現れる。潜在力に気づいている人は少なくないはずだが、地主の意向なのか、諸条件が合わないのか、はたまた諸々の規制のためなのか、再開発には至っていない。

可能性を秘めている〝立地〟は日本全国にあるはずだ。眠っている〝立地〟を発掘して理想的な再開発を行うことは、街に住む人、仕事をする人、もちろん学生にも子どもにも最大限のメリットをもたらす。

〝立地〟を科学的に分析する目と方法については次章から紹介していく。

“立地”の重要性はどの国でも同じ。だが、価値観の違いが如実に

出店の際、“立地”が重要であることはどこの国でも同じである。また、それを科学的に分析することも国を問わず可能だ。だが、消費者が店に求める価値は国によって異なり、店を成功に導くには、その違いを見定める必要がある。

韓国のソウル。市内を歩いていると多くのカフェを目にすることができる。韓国国内ではチェーン店から個人店まで多種多様なカフェがさまざまな立地に出店している。

韓国のカフェで驚かされるのは、コーヒー一杯500円〜700円という値段の高さ。それでも韓国のカフェは人気だそうだが、なぜなのか？じつは、カフェに入る目的が、日本人の私が求める目的とは異なるのだ。

雑談レベルの話で聞いた限りでは、「韓国の人は飽きっぽく新しいものが好き」という話しか出てこないが、より深く調べていくと、「複数世帯で居住している人が多く、ひとりの時間を求めている顧客に、居場所としての需要が潜在的にある」ということがわかってくる。

韓国のカフェとは、ひとりになれる数少ない重要な空間なのである。

実際に店舗を訪れると、そのようなニーズに応えようと、各店では、居心地の良い空間や非日常感を演出するなど、高い付加価値を提供していることがわかる。つまり、韓国のカフェは、「コーヒー１杯を飲むこと」ではなく、「いかに気持ちよく過ごせるか」が求められているのだ。

出店する際、立地はどこの国に行っても共通して重要ではある。だが、価値観が異なる国々でお客様とその需要を正しく理解することがより重要になる。

中国を訪れた際に、前述した韓国の人気カフェを訪れると、昼過ぎのメイン時間帯にも関わらず閑散としていた。隣のファストフード店は待ち客がいるにも関わらずだ。２つの店は立地的には同条件だが、集客で大きな差がついていた。各国々のお客様の需要に合った商品・サービスを提供することができてこそ、選定した立地を最大限に活かすことができるのである。

第1章

街ゆく人の“無意識”を科学する

カンと経験に頼らない、科学的な出店基準の重要性

◯人通りだけが、店の売上を左右するわけではない

お店には、常に顧客に恵まれ繁盛しているところもあれば、そうでない店もある。いったい、どうすれば売れる店にすることができるのだろうか？

小売店の売上に影響することといえば、まず、品揃えだろうか。買いたいものが揃っており、しかもすぐに見つけられる場所に陳列されていれば、売上は上がるだろう。顧客の要望にすぐに応えて、欲しい商品をすぐに注文するスピードも大事な要素に違いない。

飲食店の内装や清潔さ、店員の接客も欠かせない要素だろう。きれいな店で店員の愛想も良く、何か聞けばすぐに対応してくれる、そのような店であれば、顧客は何度も足を運びたくなるに違いない。そのため、店では担当者が商品の欠品がないよう、早めに発注して棚を埋める。毎朝、必ず掃除をして顧客を出迎え、接客についても多くの店で心がけ、定期的にトレーニン

グをしたり、顧客を装って行う覆面調査を実施しているチェーン店もあるほどだ。

だが、もうひとつ店の売上に直結する大事な要素がある。〝立地〟だ。店は目立つところにあるのか。人が多く通る道から見えるところにあるのか。いくら商品が揃い、きれいで居心地の良い店であっても、そもそも店の存在が知られていなければ、誰も店には来てくれない。

品揃えや店の内装、清潔さ、接客やサービスなどについては店がオープンしてからでも経験を積んだり、訓練することで向上できる。だが〝立地〟はそうはいかない。簡単に店を動かすことはできない。店がオープンすれば、どれほど努力しても変えられないのが〝立地〟だ。

店を新しく始めようとするのであれば、何はともあれまず〝立地〟を熟考すべきだ。

そのような理由から、店の〝立地〟については誰もが強い関心を払ってきた。

良い〝立地〟なのか、悪い〝立地〟なのか。それを調べる手法として、古くから用いられてきたのが「商圏調査」だ。店を出そうとしている候補の土地を中心に、半径◯km内にどれほどの人が住んでいるのか、店が成り立つだけの人が周りにいるのかを調べる手法である。

◯ハフモデルを超えて進化する売上予測

密集する住宅街やオフィス街に店を出すのと、人家も見えない閑散とした土地に店を出すのとを比べれば、前者のほうが圧倒的に有利であることは明らかだろう。これを科学的に調べようという動きはすでに1960年代からあり、当時の「商圏調査」としてはアメリカの経済学者デビッド・ハフが考案した「ハフモデル」が良く知られている。

「消費者は近くにある大きな店舗へ行く」という一般的な傾向を前提に、人が店を選択する確率を「店舗の売り場面積に比例し、店舗までの距離に反比例する」と仮定して、商圏内からどれほどの人が来店するかを推測する方法だ。

だが、それから半世紀が経ち、ありとあらゆる種類の店が出揃った現在において、来店の理由が、店への距離と店舗面積の2つだけでないことは明らかだろう。

「商圏調査」はその後、改良が重ねられ、現在では店を中心にしたマップに必要な要素が描かれる高度なシステムが数多く市販されている。チェーン展開している企業ならばこのようなシステムを備えているところは多く、システムを持たない企業であっても、新しい店を出そうとするならば、最低限、周辺の人口は調べるはずである。「商圏」は、今も新規出店や既存店の運営には欠かせない要素だ。

もっとも、店によっては、通常はkm単位で語る「商圏」と呼ぶほどの範囲ではなく、せいぜい数百mの範囲が勝負という店は少なくないはずだ。広い「商圏調査」は資料を揃える程度にとどめ、その代わり新規出店の際に盛んに行われているのが「通行量調査」だ。

通行量調査とは、これから店を持とうという土地や建物の前に、どれほど人が通っているのかを実際にカウンターで数えていく手法だ。場合によっては店（予定地）の周りの数ヵ所を調査したり、自動車での来店が想定できる場合は近くの交差点まで出向いて自動車の往来を調べたりする場合もある。

店（の予定地）の前をたくさんの人が行き来しているのならば、店に立ち寄ってくれる人も数多くいるに違いない。逆に閑散とした場所に店を出しても、売上は見込めない。「通行量」は確かに売上を決める大事な要素であり、誰にとってもわかりやすい。それゆえに「通行量」を出店の根拠にしている企業は少なくない。

◯商圏や通行量以外の要素をすべて使って「売上要因分析」を

「商圏」の人口や「通行量」は、店の売上を決める大事な要素だが、店によっては周囲に十分な人口があることより、どのような人が住んでいるのかのほうが大事な場合も考えられる。人口が十分あっても、中高年や高齢者しか住んでいない住宅地に、ファストフード店を出して果たして売上は期待できるだろうか？

「商圏調査」のために、住民の年齢や性別はもちろん、収入なども推測できるマップシステムは存在する。だが、住人たちがどのようなものを好んで食べるのか、行動の特性やライフスタイルに深く関わることまではつかみ切れない。そして、今では多くの店でそれらの要素が売上に大きく関わっている。

序章で紹介したように、ＪＲ水道橋西口の北には、わずか30ｍしか離れていないカフェと居酒屋があった。仮に居酒屋のほうの物件が空き、あなたがそこへ新しい店を出すべきかどうか迷っているとする。その時、不動産業者に「すぐそばの大通りにこれだけの人が通っていて、駅からも絶えず人が出て来るので、カフェの立地とたいして変わりません」と言われた場合、反論できるだろうか。

2店の立地には、看板の見え方や人が通る数などに雲泥の差がある。つまり、2店の差を明確に区別する要素を抽出して数値化する必要があるのだ。

当社は創業以来、20年以上にわたって、多くのチェーンの立地調査に携わってきた。そして、立地と売上との関連を詳細に調べてきた。今では立地を構成する要素は全部で大きく10ほどの要素に集約される。そしてそれらひとつひとつの要素と売上の関連を定量的に表すことができ

図⑪　売上を説明する立地・商圏要因

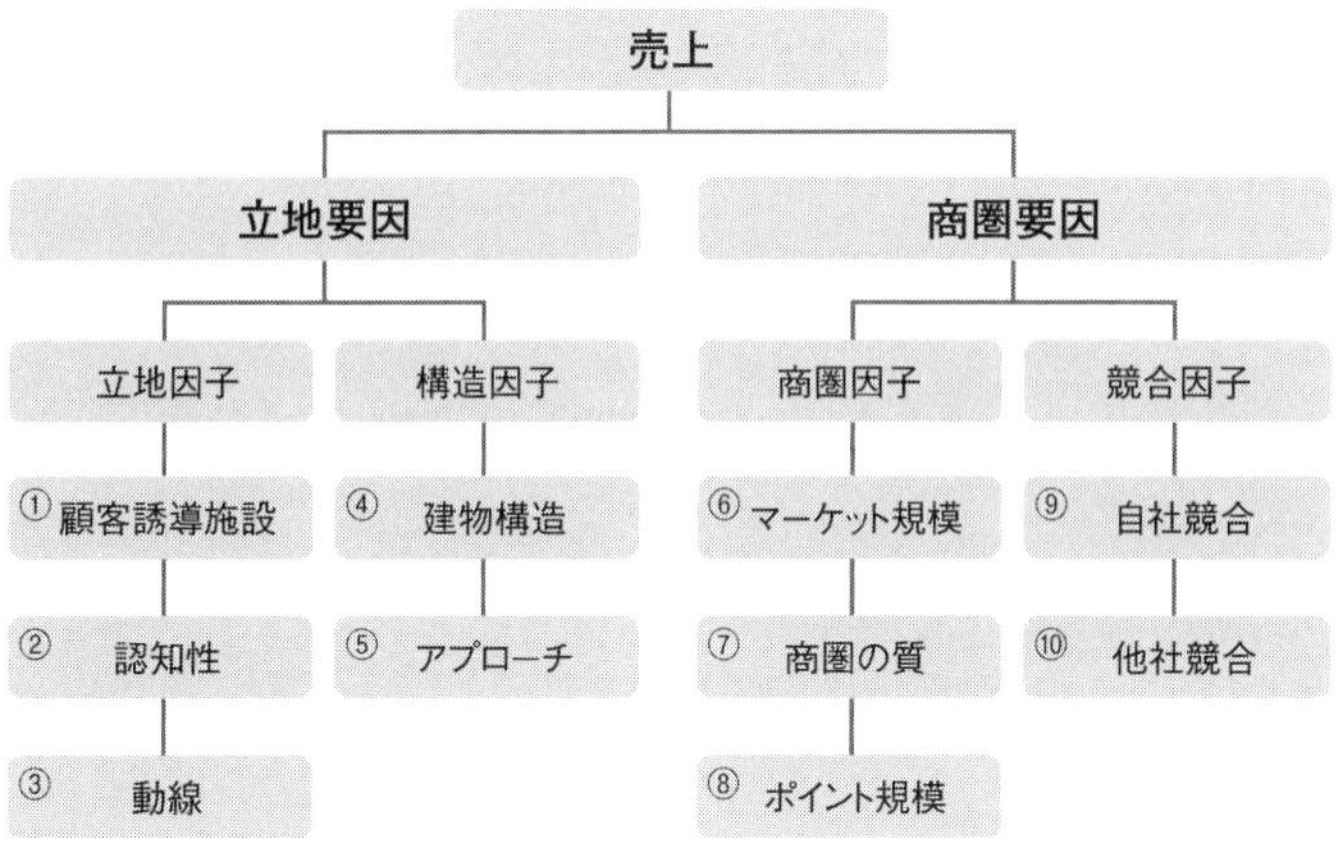

る。「売上要因分析」である。

◯3つの分野への応用を

「売上要因分析」では、売上に関わるあらゆる要素を究明していく。

経営陣をはじめ関係部署、店舗スタッフへのインタビューに始まり、季節や日別、時間帯別の各売上データ、人口などの統計データ、さらに、各店舗への実地調査など、売上に関わるあらゆる方面のありとあらゆる要素を集め、整理整頓する。チェーンの姿を数値という裏付けをもって明らかにしていく。

「売上要因分析」は、主に3つの分野に応用することができる。

ひとつめが出店戦略への応用だ。チェーン企業では、ある地域に目標を定めて集中的に出店するドミナント出店を行うことで、効率よく多店舗展開することができる。

その時、どの地域にねらいを定めるべきか。関東に出すべきか、関西、あるいは中部にすべきか。地元周辺の都道府県に可能性があるのか。それとも思い切って全く違う地域へ出たほうが良いのか。その判断に「売上要因分析」を役立てることができる。

企業がターゲットとする層の人口が十分におり、競合の脅威もない、十分に売上が見込める都道府県を見つける。都道府県ごとに売上要因を満たすエリア数でランキングを行えば、エリアが多い地域から優先的に出店することも可能になる。目指すべき都道府県を定めた後は、さらにその中でどの立地に可能性があるのか、幹線道路沿いなのか、駅周辺なのか、そこでもまた成功の可能性の高い立地を絞り込むことができ、計画的な出店が可能になる。

2つめが新店の売上予測だ。ドミナント出店すべき地域を定め、その中でも可能性のあるエリアを絞り込んだ。さらに立地の目星もつけた。それでは、そこに店を出せばいくらの売上を上げることができるのか？　店のオープン前から売上の予測ができる。

3つめが既存店の活性化だ。すでに稼働している店が実はどれほど売上を上げることができるのかを、「売上要因分析」で算出すると、店が本来持っているポテンシャルを知ることがのできる。売上予測に対して実績が大きく落ち込んでいるのならばどこかに問題点がある。そこを是正することで、店はポテンシャル通りの売上を上げることができる。

1つめの店舗展開戦略、2つめの新店の売上予測、そして3つめの既存店の活性化、いずれもチェーン展開している企業にとっては欠かせない応用だ。

○多くの店を展開すればするほど利用価値が上がる「売上要因分析」

「売上要因分析」の応用の中でも、売上予測は「計算式」として表すことができるため、成果が目に見えやすい。

売上をyに、立地の各要素をひとつひとつx_1、x_2とすれば、売上yは、

$$y=a_1 \times x_1+a_2 \times x_2+a_3 \times x_3 \cdots\cdots +b$$

と表すことができる。売上は、立地の各要素による関数――計算式で表すことができる（計算式の詳細については終章で紹介する）。

「商圏人口」や店の前を通る人の「通行量」は大事な要素だが、いくつもある要素の一部に過ぎない。ある店では売上に大きく影響するが、別の店ではさほど関連がないかもしれない。2つの店ともy（売上）とx_1、x_2（各要素）……が関係し合っていることは共通するが、x_1、x_2、それぞれの要素にかけるウエイトa_1、a_2の値は異なっている。その結果、それぞれ独自の計算式が出来上がるのだ。

1店舗だけのデータで、売上と各要素の関係を確定することは難しい。だが数多くの既存店データを集め、統計的な分析を行えば、x_1、x_2……それぞれの要素がどれほど〝効いているのか〟、a_1、a_2……をはっきりとさせることができる。計算式の形を定めることができるのだ。

計算式の形が定まれば、これからオープンしようとしている新しい店であっても、x_1、x_2……の各要素を調べて数値を当てはめれば、売上yを出すことができる。

同じ造りの店を同一オペレーションで運営するチェーンストアでは、同じ計算式を使うことができる。統計の分析では、データが多ければ多いほど計算式を正確にすることができる。既存店の数が多いチェーンほど、これから出そうとしている新規の店の売上をより正確に予測することができるわけだ。

チェーン展開している企業にとって、企業全体の成長は新規出店にかかっている。空いた土地や物件があれば、どんどん店を出していきたい。しかし、本当にそこで売上を上げることができるのか――。正確に売上予測ができれば、出店を判断するスピードを大きく上げることができ、他の競合チェーンを大きく突き放すことができる。

最良の土地を見つけたが、すでにそこには何らかの物件があった。交渉して手に入れるべきか、それとも諦めてすぐそばの空いている土地にすべきか――。あらかじめ店の売上が予測できれば、たとえ地主との交渉に時間やお金がかかったとしても、回収する計画をきちんと立てることができる。そして、良好な物件を見落とすことなく、確実にものにすることができる。

多くのチェーンでは既存店の売上が年々減少するという現実がある。景気が悪いから、オーバーストア――同じような店があり過ぎるからだと理由はいろいろ語られるが、それらはあくまで一般的なものだ。売上予測の計算式をより正確に作ることができれば、店によってどの「売上要因」の数値が低く、売上を上げることを妨げているのかが一目瞭然になる。各店が強化すべきポイントも明確にできる。

新規出店の展開、既存店の活性化、いずれにおいても、売上予測はチェーン展開している企業にとって非常に有効だとわかるだろう。

○カンと経験から科学へ――客観的な出店基準づくりの第一歩を

このように非常に有効な「売上要因分析」だが、徹底して活用している企業は、まだ少数にとどまっているように思われる。

多くの企業では、新店の開発にはベテランの開発担当者があてられ、担当者のカンや経験が判断の基準になっている。そこそこの規模のチェーンであっても、社長自らが現地に出向き「ウーン、これなら間違いない」と、ゴーサインを出しているところは多いのだ。

確かに、社長やベテラン社員の土地を見る目、出店に対する判断力にはズバ抜けたものがあるのだろう。だが、開発しなければならない新店が年に1店、2店ならばまだしも、10店、50店規模ともなると、さすがに個人技では追いつけなくなる。

さすがのベテラン社員たちも疲弊して、自慢のカンも鈍ってくる。判断にも時間がかかり、その間に優良物件を他社に取られてしまいかねない。また、ベテラン社員は自分のカンと経験を人に教えることができない。新しい人材は育たず、その結果、いつまで経っても少数の人間が大量の案件を抱えてしまうことになる。

カンや経験に頼らず、科学的に新規出店しようという企業は増えてきた。だが、そこでも調査はまだまだ不十分だ。店の前の「通行量」だけを根拠にしたり、「商圏人口」だけを調べたりして、出店を判断している例はあまりに多い。その結果、店を出したはいいがいきなり予測（というよりも期待）を大きく下回る売上しか上げられなくなってしまう。現実にオープンした途端に、不採算店となってしまう例は少なくない。

企業が存続し、成長を続けていくためには、経営者をはじめとするベテラン社員たちの持つ鋭いカンや経験を数値化して、誰もが使える形にする必要がある。カンや経験を後世に正確に、かつ客観的に引き継いでこそ、企業は成長を続け未来に店舗を残すことができるのである。

「売上要因分析」は、成長し続ける企業になるための欠かせないツールとなるはずだ。

ベテラン社員たちは、何を見て〝立地〟を判断しているのか。判断する材料――要素を一切合切洗い出し、そこから重要なもの、重要でないもの、売上に〝効いている〟要素、それほど〝効いていない〟要素を数量的に出すことができる。

「売上要因分析」により、社内の誰が行っても同じ結果が出て、同じ判断ができる客観的な「出店の統一基準」を作ることができるだろう。

「売上要因分析」は、さらに人材の育成にも役立つ。というのも、出店すべきかどうか土地を判断する際、「売上要因分析」の要素をひとつひとつ見ていけば、売れる物件の特徴が学べるからだ。

チェーンによって計算式の形は違う。その企業独自に「売上要因分析」を行い、計算式を作り上げていかなければならない。x_1、x_2……のそれぞれの要素を抽出するところから始め、さらにそれらがどれほど重要なのか、ひとつひとつのウエイトを決めていく。その過程ひとつひとつが、出店にはどのような条件が欠かせないのかを学ぶ、身を持った経験となるからだ。

売上を決める「売上要因」

○「立地要因」と「商圏要因」の2つに分かれる各要素

当社では20年の蓄積により「売上要因分析」に必要な〝立地〟を構成する要素は、代表的なもので10ほどあると定義している。

「売上要因」は、「立地要因」と「商圏要因」の2つに分けることができる。狭い範囲で売上に影響を及ぼす要因を「立地要因」と定義している。一方、数km、大型のショッピングセンターならば数十kmにも及ぶ広い範囲で売上に影響を及ぼす要因を「商圏要因」と定義している。

初めに「立地要因」の5つの要素を見ていこう。店の立つ土地や建物、周辺の環境など、比較的狭い範囲で売上に関連する要因のことだ。「顧客誘導施設」「認知性」「動線」「建物構造」、そして「アプローチ」の5つがある。

◯求める顧客が自然に集まる「顧客誘導施設」

「顧客誘導施設」とは、文字通り、顧客を惹きつける施設のことだ。都市部であれば、最も代表的なのは、多種多様な人たちが利用する駅だ。乗降客が一定以上ある駅であれば、業種・業態によって違いはあるが、一般的に駅に近ければ近いほど高い売上を見込みやすい。

大規模商業施設も「顧客誘導施設」だ。郊外では大型の交差点、幹線道路、高速道路のインターチェンジやサービスエリアなども「顧客誘導施設」になる。交差点が近くにある店ならそれだけで目立ち、人が立ち寄る可能性が高くなる。自動車を運転すれば、大型の交差点は否応なく通らなければならない場所だ。

ショッピングモールなどの商業施設の中では、メインの出入口や駐車場からの出入口、エスカレーター、エレベーターなども「顧客誘導施設」となる。そこには必ず人が集まり、その近くに店を出せばそれだけで人が通りがかる。

○店は見えているか、知られているかの指標が「視界性」と「周知性」

「どこに何の店があるか」がすぐにわかる「認知性」もまた、店の売上に直結する重要な要素だ。「認知性」は「視界性」と「周知性」の2つに分けて考える。「視界性」とは「見える」「見えない」を評価し、「周知性」は「知っている」「知らない」を評価する項目と定義している。

店がビルの2階や地下ならば、通りがかる人にはわからない。「視界性」の向上に必要なのが、表看板、ウインドウのディスプレイ、タペストリー（垂れ幕）などだ。

セットバックは街全体で行えば統一感が生まれ、人を惹きつけることになるが、1店だけが行えば、店は道の奥に引っ込んでしまい「視界性」は悪くなる。建物が立て込んでいる都心ならば、店舗の間口が狭い場合も「視界性」は大きく損なわれる。看板などの補強が欠かせない。

その地域で、店（あるいはブランド）を知っている人がどれほどいるのか、「周知性」もまた人が店を選ぶ無意識の基準だ。誰でも知っているブランドのチェーンならば問題ないが、そうではない場合、チラシをまくなど、まず周知を徹底する必要がある。

○大勢の人が動く道を見つける――「動線」

「動線」とは、「顧客誘導施設」ともうひとつの「顧客誘導施設」をつなぐ道のことだ。駅という「顧客誘導施設」と、駅を降りた後で人々が向かうオフィスや学校のあるエリアというもうひとつの「顧客誘導施設」の間に「動線」ができる。

「顧客誘導施設」が2つだけでなく、3つ、4つと増えれば、その間に複雑な動線が生まれる。大型店が並ぶ郊外の幹線道路や、高層ビルが集中する都心のオフィス街などにできるのが「複数動線」だ。「顧客誘導施設」が複数あり、それが面に広がっていれば、そこをめぐる「回遊動線」が生まれる。

メイン通りにできるのが「主動線」だが、裏通りにも「副動線」ができることもある。「顧客誘導施設」は見た目もそれとはっきりとわかるのに比べ、「動線」は意識して見ていなければわかりにくく、また、変化しやすい。

○店は広いか、座席数は十分か——居心地の良い「建物構造」を

店舗面積や駐車場台数、座席数、入口の数や位置などが「建物構造」だ。

一般に、店の規模が大きくなればなるほど売上も上がる。また、郊外店ならば駐車場があることは必須条件だが、駐車台数を増やせば増やすほど多くの来店客を受け入れることができ、実際に売上も上がっていく。また、駐車場の出入口も複数あることが望ましい。また、建物が密集した都市部では、間口の広い店舗は認知されやすい。

飲食店では、座席数が売上に大きく影響する。この他にも、店の入口がメイン道路に面しているかどうかなどが来店客数や売上を大きく左右する。

○物理的にも心理的にも良い「アプローチ」で入りやすく

店舗や店舗敷地への入りやすさ、あるいは入りにくさを表すのが「アプローチ」だ。

店舗前の歩道幅が広ければ「アプローチ」は良い。狭い歩道では歩く速度が速くなり店を素通りしてしまうからだ。駐車場の台数やターンできるスペースが十分にあればやはり「アプローチ」は向上する。

逆に歩道の放置自転車は「アプローチ」を損なう。実際に通行を邪魔しているだけでなく、近づきたくない気持ちにさせてしまう。同じように駐車場自体は広くとも、入口が狭ければ近づきにくい。

通りに面したビルの1階に店があれば抵抗なく入れる。だが、2階以上や地下に店があれば、階段を昇り降りする手間や、店の様子が直接見えない不安感が来店を遠ざけてしまう。このように「アプローチ」には、「物理的」な面と、「心理的」な面の2つの面を考える必要がある。

数km圏内で売上に関連するのが「商圏要因」だ。これにもまた5つの要素がある。「マーケット規模」「商圏の質」「ポイント規模」「自社競合」、そして「他社競合」だ。

○そもそもそこに十分な人口はあるか――「マーケット規模」

「マーケット規模」とは、一般に言われている「商圏」と同じような概念だ。店（の予定地）

から半径何km内にどれだけの人が住んでいるのか、働いているのか。店舗周辺に多くの住民が住んでいたり、オフィス街ならば働いていたりする人が大勢いれば、それだけで売上は上がる可能性が高い。

「マーケット規模」は、まず、新しい都道府県やエリアに出店すべきかどうか。立地戦略上、地域をふるいにかけるための指標に使うことができる。

既存店についても、周囲に十分な「マーケット規模」があるにもかかわらず売上が伸び悩んでいるのであれば、テコ入れを、また、逆にそもそも商圏の人口が不十分であれば撤退を考えるなど、適正に判断する材料になる。

○目指す層の顧客はいるか──「商圏の質」

若い女性向けのブティックをオープンしようと考える場合、周辺の人口ばかりでなく、その中にターゲットとする女性がどれくらいいるのかが重要になる。業種によっては、性別や年齢、職業や家族の人数、収入などが問題になるだろう。それら人口の中身を「商圏の質」と呼ぶ。

高層のオフィスビルが立ち並ぶオフィス街、工場や倉庫が並ぶ工業団地、あるいは住宅地、それぞれ住んでいる人、働いている人の層は違う。

オフィス街は確かに平日の昼間人口は多いが、店を運営・維持していくことは大変だ。仕事など、人々がその地域に来ている目的が明確であればあるほど、目的以外の消費行動は起きにくくなるからだ。

「商圏の質」によって、飲食店が向いている地域、専門店が成り立つエリア、カフェが流行るスポットは異なる。事前に人口（「マーケット規模」）や通行量（「ポイント規模」）の調査はもちろん、街ゆく人たちの服装や持ち物、歩く速度などをじっくり観察して調べる必要がある。

○店の目の前に人は通っているか――「ポイント規模」

店の前をどれほどの人が歩いているか、あるいは通りをどれほどの自動車が往来しているかが「ポイント規模」だ。人の数は通行量、自動車の数は交通量と呼んで区別している。

都心の店ならば通行量が、郊外の幹線道路沿いの店ならば交通量が深く関係している。人や自動車の数で表されるためわかりやすく、新規出店のための調査では、「マーケット規模」とともによく用いられる。

しかし、「ポイント規模」も立地を構成する要素のひとつに過ぎない。通行量や交通量は曜日や時間帯、あるいは天候によって大きく変わるからだ。

また、「ポイント規模」にも「商圏の質」が影響している。歩いている人、あるいは、自動車で走っている人たちが店の顧客となり得るのか？　数とともに中身を知るため、調査時には服装、歩く速度などの測定も行う。ゆっくり歩いている人は目的が希薄で通行している可能性が高い。

○見落としがちな「自社競合」

「競合」を意識していない企業はないはずだ。だが、それはたいていの場合、他社の競合店であり、同じチェーン内の他の店を意識する企業は意外に少ない。だが、自社の売上に最も影響を与えるのは、同一チェーン内の他の店だ。

他社の店ならば、扱う商品、価格、提供方法が全く同じということはないが、自社の同一チェーンの店ならば扱う商品、価格、提供方法ともすべてが同じであり、顧客にとっては区別がつかない。

チェーン企業で行われるドミナント出店は、ある一定の地域をまんべんなく自店で埋めて、地域のシェアを一気に取ろうという戦略だ。物流の効率が上がるだけでなく、地域における店の認知度が高まり、チェーントータルとしてのブランド力を上げることができる。

だが、そこではしばしば問題になるのが「自社競合」だ。チェーン展開する以上、「自社競合」は避けられない問題だ。特に、フランチャイズ展開している企業であれば、各店を運営するオーナーに対して常に配慮しなければならない要素だろう。

○業界の垣根を超えて影響する「他社競合」

ほとんどの企業が強く意識しているのが「他社競合」だ。どれほど売上に影響を受けるかは、扱っている「商品」「価格」「機能」――提供方法がどれほど似ているのかによる。この3点で競合の強弱を評価する必要がある。

「他社競合」は同業者同士で起こるとは限らない。特に、最近は業種や業態の垣根が低くなり、思ってもみなかった店が競合するケースは多い。

コンビニエンスストアはファストフードやコーヒー、ドーナツなど、他の専門店チェーンにとっては脅威だ。また、ネット通販も扱う商品は増え、価格も安く、既存のリアルな店舗を脅かしている。あらゆるところに「他社競合」の可能性はある。

○チェーンによって全く違う〝効く〟要素

「立地要因」としての5要素、「商圏要因」としての5要素、合わせて10の「売上要因」を見てきたが、このひとつひとつの要素が、どの店も同じように影響を及ぼすわけではない。

多くの店にとっては、商圏の人口、つまり「マーケット規模」が売上に大きく効いてくることはほぼ共通している。だが、それ以外の要素を見れば、ある店にとっては目の前の通行量――「ポイント規模」が何より重要であるかもしれないし、別の店にとっては店の出入口や駐車場の問題――「建物構造」や「アプローチ」に配慮することが最も重要になるかもしれない。さらに別の店にとっては「自社競合」「他社競合」に注意することが最大の課題になるかもしれない。

「売上要因」のどの要素がどれほど売上に影響しているのかは、店やチェーンによって異なる。

さらに同じチェーンの店でも、都心や郊外、ショッピングセンター内に出店する場合の条件は変わる。各要素のウエイト——重要性も当然変わってくるので、初めから都心、郊外、ショッピングセンター内の3つに店を分類してそれぞれ分析を進め、計算式を定める必要がある。

新店が都心、郊外、ショッピングセンター内のどこに出るのか。計算式を選び、各要素を観察したり計測したりして数値化して当てはめることで答え——売上をより正確に予想することができる。

この章では代表的な10の要素をあげたが、現実の店舗を見れば「アプローチ」ひとつとっても、入口や駐車場などいくつもあることがわかる。そのため、実際の「売上要因分析」や売上予測では、店舗やその周辺を観察することで関連する要素をすべてあげ、その数は数百に及ぶ。その後、何が大きく〝効いている〟のか、仮説立てながら絞り込み、最終的に60～70の要素を用いることが多い。

「売上要因」については終章で再び詳細に触れるが、まず、業種やチェーンによってひとつひとつの「売上要因」がいかに効いているのか、次章より具体的な事例を見ていくことにしよう。

海外独特の「売上要因」を早期に把握し、仮説・検証のサイクルで成功をつかむ

仕事でさまざまな国を歩けば歩くほど、日本国内で考えている「売上要因」は各国でも共通であることがわかる。ただし、国によってお客様の価値観や生活スタイルが異なるため、同じチェーン店でも国が変われば、「売上要因」の重要な項目は異なり、同じ「売上要因」を俎上に載せてみると、売上に与える影響度には大きな差が生じる。

日本と同様に地下鉄が通っている国では、地下鉄駅出入口が人々の移動の基点となっている。だが、地下鉄が通っておらず、バス停が基点となっている国やエリアは今も多い。人の行動の基点そのものが異なっていることがわかる。「顧客誘導施設」ひとつとっても国によって捉え方が大きく違うことがわかるだろう。

海外へ進出する際、忘れがちな「売上要因」のひとつが「視界性」だ。日本では誰もが知っているようなチェーン店でも、海外のお客様から見れば数ある店舗の中の１店舗にすぎず、知名度も低いのだ。成功するためには、現地のお客様に日常的に店舗を見てもらい、気づいてもらい、行動の一環の中で選択してもらえる１店舗になることが重要である。

海外出店には大きな投資を伴うことが多く、仮に店の運営がうまくいかなければ、もう少し我慢すべきか、閉店すべきか、その判断は日本国内の店以上に難しい。海外出店を軌道に乗せるには、序盤の出店戦略の成否がカギとなる。なぜなら、序盤に失敗が続くと、投資が後ろ向きになりやすいからだ。

序盤で成功するためにも、出店を科学的に進める必要がある。

現地のお客様の購買行動を数値化し、仮説を立て、その仮説を基に出店し、検証・修正する。そのフローをあらかじめ設計し、数値の根拠を持って判断する仕組みを初めから構築しておくことが、海外出店を成功に導くことになる。

海外で成功している日本のチェーンを見ると、必ずしも主要都市で賃料の高い立地に出店しているわけではない。一定量のお客様が日々生活する「動線」を見つけ、そのライン上に出店し適切なサービスを提供することが大切である。

第2章

同じ通行量なのに売上に6倍の開き――「商圏の質」の謎を解け

神田は苦戦、中野は大繁盛の謎を解く

◯「ポイント規模」は十分だが「商圏の質」を見落とすと……神田

店を新しく出そうとする時、予定地の前にいったいどれくらいの人が通るのかを調べる「通行量調査」は広く使われている手法だ。数値として把握でき、何より人通りは誰の目にもはっきりとわかり説得力がある。地域にどのくらいの人口がいるのかという「商圏調査」と合わせて必ずといっていいほど用いられている。「売上要因」としても「ポイント規模」として位置づけた。

だが、現実の「通行量」は曜日や時間帯で大きく変動し、正確に把握することは非常に難しい。都合の良いデータだけを見て、後から失敗だと気づく例は少なくない。精度の高い売上予測のためには、「通行量」以外の要素も見落とさずに把握する必要がある。

ＪＲ東京駅のひとつ北隣り、ＪＲ神田駅付近は典型的なサラリーマンの街だ。山手線と中央

図⑫

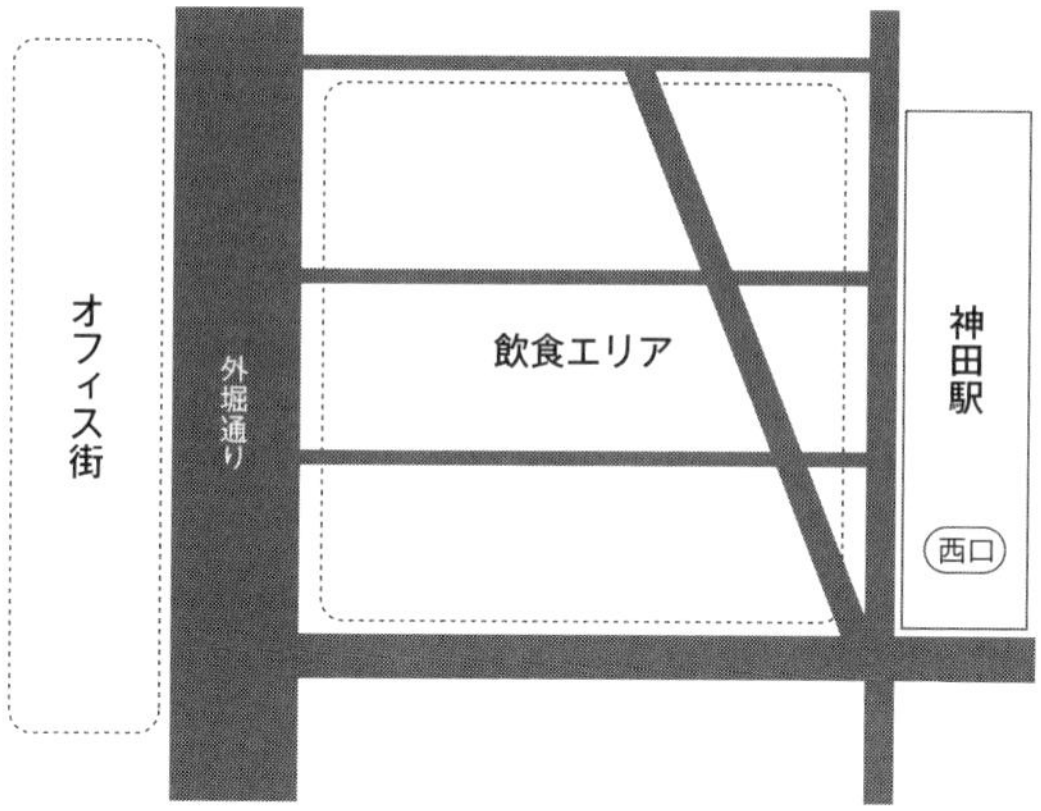

線の両方の駅を兼ねることもあり、乗降客数は約20万人（JR東日本、乗車人員9万7千人を2倍）に及ぶ。

駅の周りを見渡せば、新しいオフィスビルも見えるが、大半が築30年、いや40年は経とうかという低層のビルがびっしりと並ぶ。そこに絶えず人が行き来している。サラリーマンの街といっても、新宿などの高層ビルの並ぶ光景とは違い、赤ちょうちんが似合う街（実際に屋台があるかどうかは別として）、オヤジたちの街と表現したほうがわかりやすいかもしれない。

神田駅の西口は飲食店が集まるエリアになっている（図⑫）。そのひとつが、あるチェーン企業の店だ。A店と名付けよう。

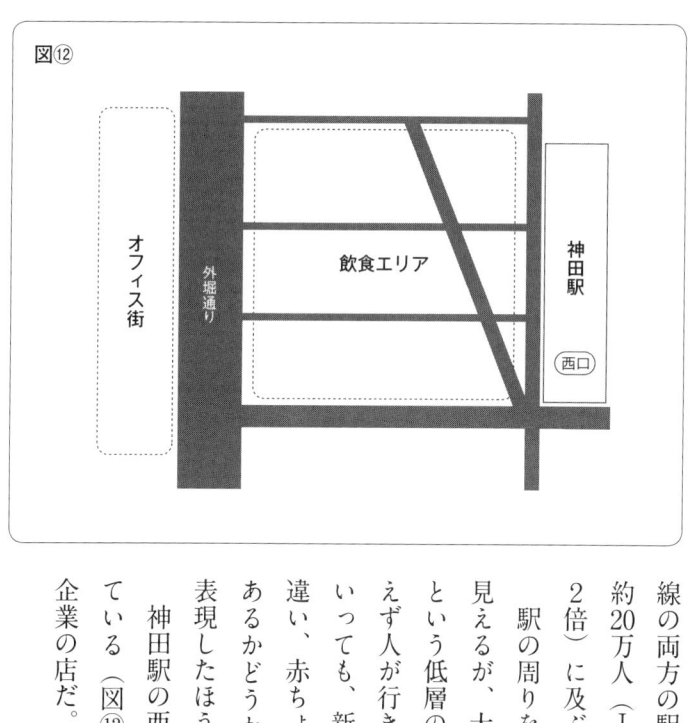

外堀通りの西側はオフィス街なので、ＪＲ神田駅との間にあるこのエリアにはネクタイ姿のサラリーマンがひっきりなしに行き交う。店は角地にあるためどこからでも目につきやすく、ＪＲ神田駅からオフィス街へ向かう時も、逆に戻る時も、嫌でもA店の看板が目に入る。

サラリーマンがひとりで入って昼食や夕食を食べられる、まさにこの街にぴったりの店で、実際に昼食時には列ができるほどだ。

さぞかし売上は上がっているだろうと思うのだが、よく観察するとそれほどではないことがわかってくる。通行量——「ポイント規模」では十分に合格点を得ているはずだが、意外に苦戦していそうだ。なぜなのか？

まず、この街では土日になると人はめっきりと減ってしまう。平日には十分な人通りがあるが、顧客が店を利用する時間がごく限られてしまっているのだ。

それにこの街では、中高年のサラリーマンが多く、その大半が、昼は12時から午後1時まで、きっちりと時間を守って食事をする傾向が強い。長年の習慣なのか、会社の方針なのか、店に入る時間は極めて限られ、午後1時を過ぎると道に人通りはあっても店に入る客足はパタリと止んでしまう。

店で昼食をとるのにかかる時間は、早くて15〜20分程度だろう。12時から1時までの1時間では3回転から多くて4回転がやっとだ。飲食店は席数で制約を受ける。確かに、店の前に列ができるほどの需要はあるが、それを活かし切れないままチャンスを逃しているのだ。

通行量である「ポイント規模」は高得点だが、「商圏の質」を見極めなかったことに落とし穴があった。

近くのコンビニエンスストアでも昼時は異常なくらい混むが、12時半を過ぎたあたりで急に客足が途絶える。このエリアのサラリーマンの行動パターンは明白なようだ。

序章で水道橋のオフィス街を歩いたが、同じような傾向が見られた。街にいる人は確かに大勢だが、店の商売にはなかなか結びつかない。食べるという需要は確かにあるはずなのに、昼食時など時間が限定されているため、店を運営し続けていくことが難しくなってしまう。エリア内にいる人がサラリーマンに限られているためだ。

対照的なのが東京・中野だ。

◯雑多な層をすべて受け入れられれば

東京都中野区。JR中野駅の乗降客数は約28万人（JR東日本調べ、乗車人員約14万人を2

図⑬

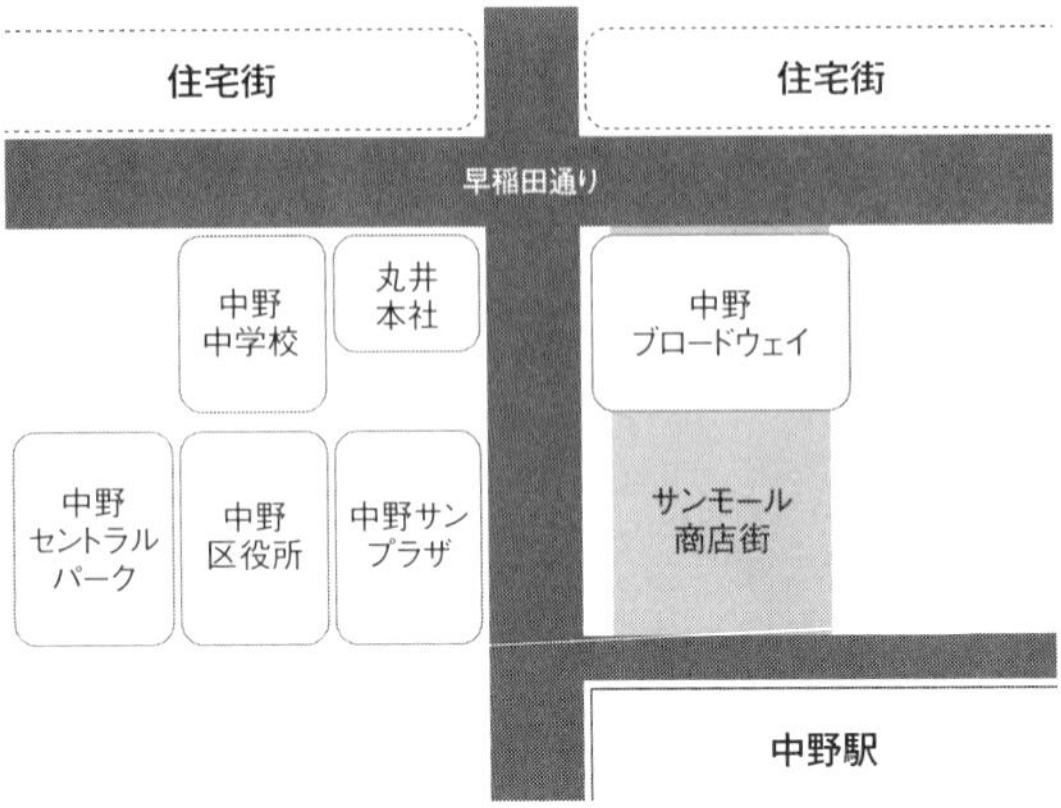

倍）で神田の約1・4倍の規模だ。駅の北口を出てまっすぐのところから始まるのが中野サンモール商店街、全長200mを超えるアーケードに110店が集まる日本でも有数の商店街である。その先には中野ブロードウェイがあり、そこを目指してやってくる人が通り抜ける道でもある（図⑬）。

ここでも神田と同じチェーンが店を開いている。しかも2店もだ。当初はB店1店のみだったが、あまりに繁盛するため、さらに奥の北側にC店を出店した。売上は1店あたりざっと神田の3倍に達する。2店合わせれば6倍、つまり地域として見れば、神田と中野では6倍の開きがある。いったい何がどう違うのだろうか？

まず、ＪＲ中野駅の乗降客数はＪＲ神田駅の1・4倍と確かに多い。しかも、中野サンモールは日本でも有数のアーケードの商店街だ。だが、店の前を通る人数に限れば、つまり「ポイント規模」だけ見れば、さほど変わるわけではない。

数ではなく「商圏の質」が違うのだ。商店街を通り抜ける人の層の厚さが大きく違う。

この商店街を通り抜けていく人の年齢層は40〜50代が中心だが、上は60〜70代、さらにそれ以上と思われるお年寄りの姿を頻繁に見つけることができる。かと思えば10代、20代の若者もぶらついている。休日ともなれば小さな子ども連れの家族の姿も見ることができる。年齢も、おそらく職業も、かなり幅のある人たちが、絶えず行き来しているのが中野サンモール商店街だ。

まず、商店街の北から東にかけては住宅地が広がり、そこから通勤、通学のために駅へ向かう人が大勢存在する。行き帰りにこの商店街に立ち寄る人は多いだろう。また、ＪＲ中野駅から線路沿いに西に向かえば大学のキャンパスがある。もちろんこの街で働いている人も多い。また、駅の北西のブロックは区役所や中野サンプラザがあり、他の地域からそれらの施設を訪ねてやってくる人もいる。

多様な人たちが一堂に集まっているのが中野という街だ。そして、そのような人たちの行動パターンもまた雑多だ。

この飲食チェーンにとっても、多様な習慣を持つ人が集まっていることが非常に有利に働いている。

この街の人たちの昼食時間は12時から1時までと決まっているわけではない。午前11時のオープン直後から人の姿が見え始め、12時のお昼時にはほぼ満員になり、それ以後もずっと人が絶えることがない。午後から夕方まで客足が途絶えることなく夜のピークへとつながっていく。

同じ人間であるのに、神田の中高年のサラリーマンと中野の人たちとでは行動パターンとは全く違うのだ。いや、それぞれの層に絞れば決まった行動パターンがあるのだろうが、層が厚く集まっていることで、総体として非常に幅広い行動パターンになっている。

前出のチェーン店へはひとりでフラリと来ても、何人かで立ち寄っても、どちらも楽しめる。また、食べる量も選べるので、本当に空腹の時も、小腹が空いた時も、やはりどちらでも利用できる。値段もそこそこなので学生の利用も多い。

雑多な「商圏の質」の人たちの雑多なニーズをすべて受け入れられる業態ゆえに成功しているわけだ。

神田のA店の場合、店にはそれだけ多様な層の人を受け入れる懐があるにも関わらず、客層が昼食時間に制約のあるサラリーマンに限られてしまっているため、力を発揮し切れずにいる。

中野ではあまりに繁盛するので同じ商店街の北側にもう1店出すことにしたが、2店の間は歩いて行き来できる距離しか離れておらず、さすがに「自社競合」が懸念された。それでもエリア全体のシェアが上がればと、多少の影響はやむなしと2店目の出店に踏み切ったが、意外にも初めの店の売上が下がることはなかった。2店目も最初の店並みの売上を上げ始め、合計すると神田の6倍になることはすでに述べた通りだ。

○これだけ大学生がいるのに、なぜテナントはいつも入れ替わるのか？

通行量という「ポイント規模」だけではなく、その中身――どのような人が歩いているのか、「商圏の質」を把握しなければ売上につなげることはできない。

神田や中野の他に、もうひとつ顕著な例がある。東京のJR池袋駅の西口から歩いて10分ほどの立教大学へ通じる通りだ（図⑭）。

JR池袋の乗降客数は1日に110万人（JR東日本調べ、乗車人員55万人を2倍）、新宿の150万人に次ぐ第2位の規模だ。東武鉄道や西武鉄道、地下鉄等の客数を含めればさらに

図⑭

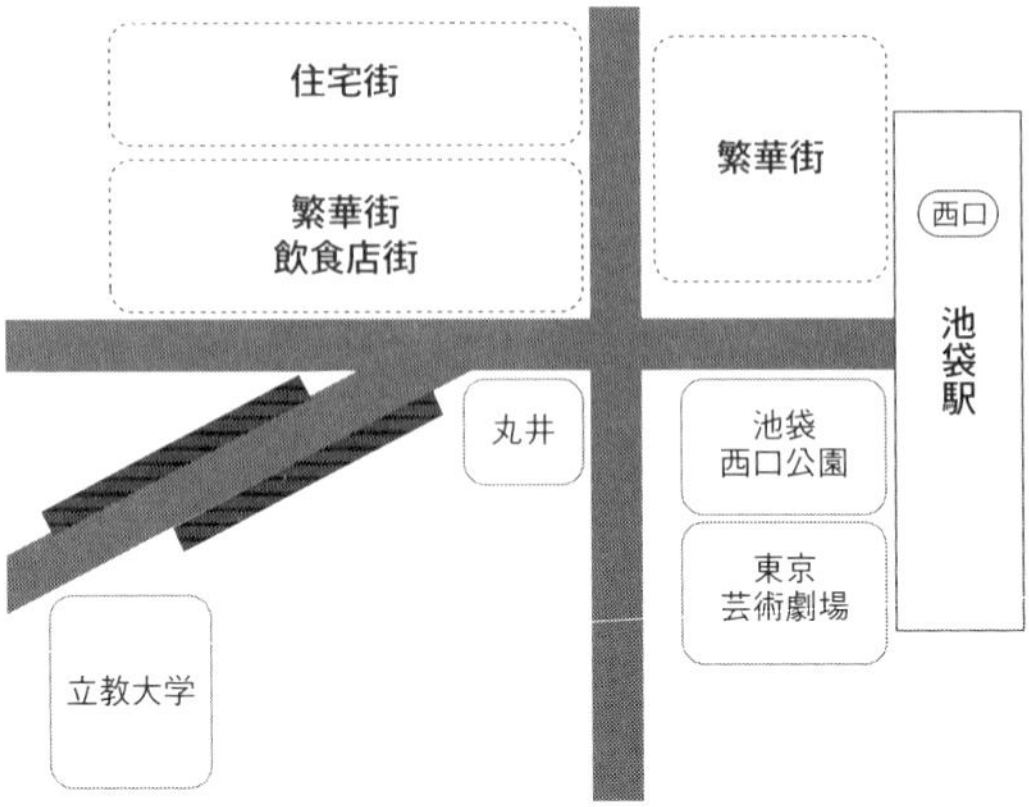

膨らむ。特に、ＪＲ駅の東側にあるサンシャイン60へ通じる通りの人混みは激しい。

駅の西側、徒歩10分ほどの立教大学まで来ればかなり落ち着くのだが、それでも行き来する人の数は相当ある。これだけの通行量――「ポイント規模」があれば、店を開くには十分と多くの人が考えてもおかしくない。事実、大学の門に近い小さな商業ビルでは、これまで数多くのテナントが出店してきた。しかし、いずれも長くは続かず撤退してしまった。頻繁に店が変わる。なぜなのか？

ここでも「商圏の質」が問題と考えられる。

確かに、人通りは十分にあり、実際に計測しても「ポイント規模」は高得点だが、その中身を見れば、学生が大半を占めている。

学生たちも当人たちは自由に振る舞っているが、神田の中高年のサラリーマンと同様、ビジネスを展開しようという側から見れば、行動パターンは非常に限られている。

まず、学生たちは日曜祝祭日には大学へは来ない。また、大学にいるのは日中で、夜にはほとんどが姿を消してしまう。そして夏、冬、春と長い休みがある。その間、大勢の人が行き交っている通りの風景は一変する。閑散となってしまうのだ。

もちろん夜まで勉学・研究に励み、休日にも部活のために大学に出てくる学生はいるだろう。だが、それも全体から見ればごく一部だ。日曜祝祭日、夏、冬、春の休みを合わせれば半年ほどになり、1年の半分は全く商売にならないと考えなければいけない。

だが、たまにここへ来る人にはそれがわからないのだろう。大勢の学生が目の前を通り過ぎていく様子を見て、これなら手頃な価格の飲食店を開けば繁盛するはずだと思い込む。実際、平日に通行量調査を行えば十分な数値が上がる。だが、フタを開けてみれば……。

池袋駅前に比べれば立教大学付近の家賃は比較的安い。加えて絶えずテナントが入れ替わるため、ビルのオーナーはさらに家賃を下げている可能性がある。それにつられてついつい「いける」と判断してしまうのだろう。短期間で頻繁にテナントが変わるのはこのような理由があるためだ。

もちろんこの〝立地〟であっても可能性は全くないわけではない。最初から長い休みも考慮に入れて成り立つビジネスを考えれば良い。

たとえば、ずいぶん昔のことになるが、学生街には必ず雀荘があった。初めにパイや雀卓などひと通り揃え、賃料の安い2階や3階で営業すれば、低いランニングコストで運営は可能だ。だから、長期の休みがあっても、学生がいる間に集中的に稼げば帳尻を合わせることができた。日中、授業をさぼってやってくる学生もいれば、夕方から夜、さらに徹夜して明け方まで入り浸る学生もいた（深夜営業は違法だが……）。現在は、オンラインゲームの普及や娯楽の多様化などで雀荘が減っている影響もあり、麻雀をする学生はそれほど多くはないだろう。

居酒屋は可能性がありそうだ。手頃な価格のチェーンならば学生のコンパや打ち上げなどに用いられ、繁盛する可能性はある。だが、それでも長期の休みはさすがにこたえる。居酒屋はメインの顧客を学生に想定しても、サラリーマンがいなければ成り立たない業種だ。

この近くでもファストフードや学生向けの飲食店が出店しては撤退を繰り返していた。もはやエリアの性質というしかないだろう。

ちなみに、このような環境でも生き残っているのがコンビニエンスストアだ。学生の他、近隣の住宅やオフィスから人が気軽に来て買い物をしていくからだ。老若男女、誰でも対象にするビジネスモデルの強靭さが現れている。

競合するファストフードと地域スーパーマーケット

○デリバリー専門のファストフード出店が成功する土地とは？

ここまで通行量や商圏人口などの「ポイント規模」だけを見て満足し、「商圏の質」を見落とせば大きな罠にハマってしまうという事例を見てきたが、一方では冷静に「商圏の質」を見極め、出店計画を立てているチェーンがある。あるファストフードチェーンだ。Dチェーンと名付けよう。

我々はかつて、そのチェーンが出店を計画しているエリアの「商圏の質」の調査に携わったことがある。「商圏の質」を知るために、我々が調査したのが、エリア内のスーパーマーケットの存在だった。

ファストフードのための調査なのに、なぜ、スーパーマーケットを調べるのか？　競合しているかどうかを知りたいためではない。地域でどれほどデリバリーの需要があるかを推測するための材料にしたのだ。

ファストフードの店といっても大きく3種類に分かれる。ひとつは飲食のためのスペースをとって営業するイートインタイプの店、もうひとつが飲食スペースは最低限に絞り、もっぱらテイクアウトとして商売をしている店、3つめが配達――デリバリーの店だ。

Dチェーンは、もっぱらデリバリーを専門としていた。

イートインタイプの店ならば、店内で顧客の注文を受け、その場で食べて帰る。テイクアウトの店では品物を受け取り持ち帰る。いずれにしても来店してもらうための〝立地〟として、駅前であったり、人通りが多かったり、「顧客誘導施設」や「ポイント規模」が大きく関わってくる。すぐに店とわかるよう「視認性」も欠かせない要素だろう。消費者にまず店を見つけてもらわなければ話にならないからだ。

だが、デリバリーの店にはそのような配慮はいらない。商品を作ることができるスペースと、配達のバイクの駐車場があれば良い。また、電話注文を得るため消費者には店の存在を知ってほしいが、店の場所まで知ってもらう必要はない。〝立地〟として重要になるのは、配達やチラシ配布のための拠点としての利便性だ。

Dチェーンでは実際にマンションの中で半地下のようなところや、狭い裏通りなどに出店していた。イートインタイプの店ならば考えられない出店だが、デリバリーならば何の問題もない。店というよりは、製造と配達の拠点だ。家賃も安くてすむ。このチェーンにとって、「顧客誘導施設」や「ポイント規模」「視認性」は、全くとは言わないが、決して重要な要素ではないのだ。

重要になるのは「マーケット規模」と「商圏の質」だ。店の配達範囲に十分な人口があるか。そして、ファストフードを気軽に注文してもらえる人たちが存在するか、ということだった。

○ファストフード出店でスーパーを調べる意味

我々がエリア内のスーパーマーケットの存在を問題にしたのは、地域の家庭でどの程度、熱心に料理をしているかを知りたかったためである。エリア内に、食材を扱う食品スーパーがたくさんあれば、おそらく各家庭では料理にも手間をかけているに違いない。ならば、電話一本でファストフードを注文する頻度は限られてくるだろう。逆に、食品スーパーが少なければ、各家庭で熱心に料理をしている可能性は少ない。ファストフードを利用してくれる可能性は高くなる。

もちろん、これだけではわからないことも多い。そこで、地域の世帯人数など他の調査を加え、合わせて考慮することで、推測の精度を高めようとした。たとえば、エリア内に住宅地があり、世帯内の人数が多ければ、料理をしている可能性は高い。逆に、世帯内の人数が少なかったり、単身者が数多く存在していたりすれば、ファストフードを利用する頻度は高くなるはずだ。いくつかの情報を組み合わせることで、そのエリアに出店して十分な売上を上げられるかどうかを判断しようとした。

結果は成功だった。

ファストフードの利用が高いと確信できるエリアを見つけ、そこに集中的に店舗をドミナント展開することで、Dチェーンは急伸することができたのだ。

「マーケット規模」――地域の人口や世帯人口は資料を調べればわかる。また「ポイント規模」は通行量や交通量の調査をすれば、つかむことができる。これらは現実に多くの企業で出店の判断に使われている。だが、本当にビジネスを成功させるには、そこに住んでいる人、通り過ぎていく人がどのような人なのかまで知らなければならない。「商圏の質」だ。

各家庭でどれほど熱心に料理をしているか、ということは「マーケット規模」や「ポイント規模」をいくら調べても決してわからない。それを知るためにあらゆる仮説を立て、多くの情報を集め、組み合わせて考察することで推測が可能になる。精度の高い売上予測が可能になるのである。

扱う商品によっては
スーパーと相性抜群のファストフードも

◯実は晩のおかずだったあのファストフード

前記の例では、地域にスーパーマーケットが数多くあれば、家で料理をする人は多くいて、ファストフードの利用は控える、という仮説にもとづいての調査だった。

食品スーパーの存在は、ファストフードの出店を妨げる。逆に言えば、スーパーマーケットが少なければ、ファストフードの利用は増える。つまり、スーパーとファストフードは〝マイナスの相関〟の関係にあるという仮定だ。確かにそれは正しかったようで、店が進出すべきエリアを探すことに成功した。

だが、扱う商品によってはファストフードとスーパーマーケットとの関係が全く逆になるケースがある。チキンを販売するEチェーンでは、食品スーパーのそばに店を構えれば良く売れる傾向がある。Eチェーンのファストフード店とスーパーマーケットとは、〝プラスの相関〟

――非常に親和性が見られるのだ。

その傾向は特にショッピングセンター内で顕著だ。

ショッピングセンターやショッピングモールなどの商業施設には、必ず核になる食品スーパーが入っている。Eチェーンのファストフード店はそこに近ければ近いほど売上が上がるという関係が見られる。

購入している人を観察すればその理由がわかる。主にスーパーマーケットで食材を購入した主婦らしき女性が、ついでにEチェーンのファストフード店に立ち寄り、チキンを購入しているのだ。その場で食べるためではなく、家に持ち帰って子どものおやつにしたり、食事のおかずの一品にしたりしている。

ファストフードといっても、この場合、ハンバーガーやドーナツなどとは違う利用のされ方をされている。

スーパーマーケットで惣菜を買う延長で、チキンも購入している。この場合、スーパーマーケットに近ければ近いほど売れるわけだ。新規出店する場合も、できるだけスーパーマーケットのそばに出ることが望ましい。顧客にとって便利であり、着実に売上は上がる。

ショッピングセンター内やショッピングモール内ではその傾向が顕著に表れているわけだが、単独のスーパーマーケットの店内でもEチェーンのファストフード店は小さなスペースを借りてテナントとして出店している例が多い。あるいは同じ敷地内に小さな店を設けたりもしている。複数の大型商業施設が大きな駐車場を囲んで集積するネイバーフッド型の商業施設の敷地内に小さな店を出している例もある。

顧客はそこで買って食べるわけでなく、あくまでスーパーマーケットの買い物のついでに、もう一品、購入していく。テイクアウトが主であり、店に広いスペースは不要だ。わずかな席を用意するだけの小さな店がほとんどだ。家賃も安くすむ。

○同じチェーンでもテイクアウトとイートイン、デリバリーは全くの別業態

「売上要因」に照らし合わせれば、商圏内におかずを買って帰る主婦が多ければ、つまり主婦という「商圏の質」であるのかどうかが、そのエリアでこのファストフードが成り立つかどうかの指標になる。

また、Eチェーンにとって、スーパーマーケットが「顧客誘導施設」になっていることもわかる。出店する際には、「顧客誘導施設」として既存のスーパーマーケットを探せば良いわけだ。

さらにショッピングセンター内のどこに出店すれば良いのか、配置を考えるならば「動線」上に乗っているかどうかを見れば良い。「顧客誘導施設」のひとつがスーパーマーケットであるならば、もうひとつの「顧客誘導施設」――たとえばショッピングセンターの出入口だったり、駐車場への出入口との間にこのファストフード店があることが望ましい。

実際にはもっと事情は複雑だろう。ショッピングセンター内には、スーパーマーケットの他に、特別な食材を扱う専門店があるかもしれない。また、加工食品を安く扱っているドラッグストアなどの店も存在するだろう。

子どものおやつや夕食のおかずを買い求める人は、ショッピングセンター内のそれら複数の

店を回ることになる。その道筋を読み、その線上にファストフードを置けば、自然に目に入り、購入に結びつくはずだ。

ファストフードに限らず、最近、宅配を行うチェーンが増えてきた。同じ商品を扱っていてもイートイン、テイクアウト、そして、デリバリーという3つの形態があり得る。

ショッピングセンター内では、同じファストフードのチェーンが、スーパーマーケットのそばにテイクアウトの店として出店し、同時にフードコート内にイートインの店を出している例がある。

イートインの店は、他の飲食店とともに集積したほうがメリットは大きく、その場合、フードコートや他のレストラン、飲食店が「顧客誘導施設」として働くことになる。

池袋や渋谷、新宿といった都心では主にイートインの売り上げは高い。都心のエリアへは、人は日中、他地域から流入して来る。仕事や買い物のために来ている人は、道端や公園などの屋外でファストフードにかぶりつくよりも、店の中で食べるほうを選ぶ。

一般的に行楽地や銀座などの買い物のエリアでも同様だ。遊ぶのが目的、買い物が目的で来ているところでは、お腹が空けば店内で食べるほうを選ぶ。テイクアウトしても外で食べる場所は多くはない。

逆に住宅地では、顧客はテイクアウトを選ぶことが多い。前述のようにおやつやおかずとして家に持ち帰ることが多いためである。住宅地ではデリバリータイプの店も見られるが、成り立つかどうかは、Ｄチェーンの事例で見たように、扱う商品と「商圏の質」との関係にかかっている。

イートイン・テイクアウト・デリバリーの３つの形態は、それぞれ効く「売上要因」も異なる。「売上要因分析」についても、３つを分けて行うことで傾向をつかむことができ、より正確な判断が可能になる。

新規で店を出す場合も、この３つの形態のうちのどれを主体とするのか、２つ以上をミックスさせて運営する場合も、どのように力配分を行うのか。〝立地〟の特性をよく読み込んだ上で見極める必要がある。

日本以上に変化のスピードが早い海外では、柔軟で臨機応変な対応を

さまざまな国で、さまざまな業態の店舗の売上状況を見ていると、朝の売上が高い店舗もあれば、夜の売上が高い店舗があることがわかる。また、平日の売上が高い店舗もあれば、土日の売上が高い店舗もある。当然のことではあるが、商圏の質（利用するお客様の質）が異なるため、その商圏の需要に応じた時間・曜日に売上（需要）が高くなっているのである。

飲食店でみると、住宅地の店舗であれば夜や土日に利用が多く、商業地の店舗であれば、昼間から夕方以降に需要が高まりやすい。これは、お客様の需要がその時間に発生しやすいため。これもまた当たり前の結果である。もちろん、提供商品が軽食のカフェであれば、午後の時間やモーニングの時間帯に需要が高まる。

高い売上を目指していくには、出店するエリアに「どの程度の量の人口がいるか」や「通行する人が多いかどうか」だけではなく、自社を利用していただけるお客様がどれくらいいるかという観点で量を見る視点が重要になる。これもまた当たり前のことで、これまで何度も繰り返してきたことだが、特に海外では忘れてはいけないポイントだ。

成長過程にある国々では、成熟した日本の状況とは異なり、所得レベルの上昇や環境の変化が起きやすく、商圏の質（需要）が変化するスピードも速い。また、大規模なマンション開発や商業施設の開発により、商圏自体が大きく変化する可能性もある。

そのため、出店するに当たっては、自社の強みと「商圏の質」（自社の強みを活かせる需要の強さ）を軸に判断することが求められる。それと同時に、求められる価値に対して臨機応変に対応できる柔軟性が日本での出店以上に重要になる。

第3章

売上2.2倍にした
コンビニの
最重要“要素”とは？

「アプローチ」と「視界性」の大幅向上で復活

通行量調査などで「ポイント規模」を調べ、当然、エリアの「マーケット規模」を知るため「商圏調査」も行った。その上で出店して予測通りの売上を上げることができれば、満足できるものだろう。

○駅との間に割って入ってきた競合コンビニに対抗せよ

だが、経営環境はどんどん変わっていく。たとえば競合店の出現だ。

これから取り上げるのは、店を道路の向かい側に移転して、競合に対抗することができた例だ（図⑮）。中部地方のある都市のコンビニエンスストアF店は競合で落ち込んだ売上を回復させるだけでなく、以前の2・2倍にまですることができた。道の向かい側への移転なので、「マーケット規模」や「ポイント規模」は変わらない。それにも関わらず売上を大きく伸ばせたのは、他のどの「売上要因」が本当に売上に〝効いている〟のか、徹底して追求したことが奏功

図⑮

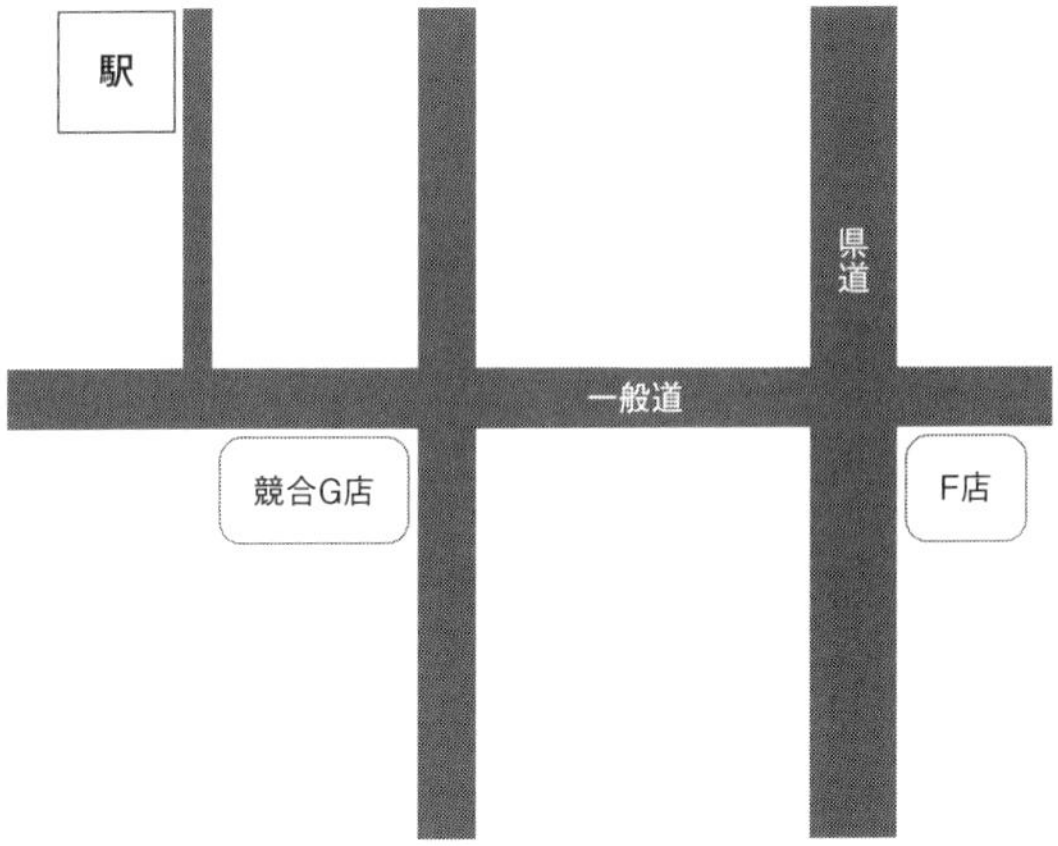

したからだ。

F店は、かつて中低層のマンションの1階に位置していた。周りは住宅地で目の前には道路が走り、マンションはその角地にあった。店の前には4台分の駐車場を備え、周辺の住宅地からも、目の前を走る道路からも自動車が立ち寄ることができた。道路沿いに南へ少し向かえば中学校もあり、子どもたちが通学途中に立ち寄ってくれることもたびたびだった。

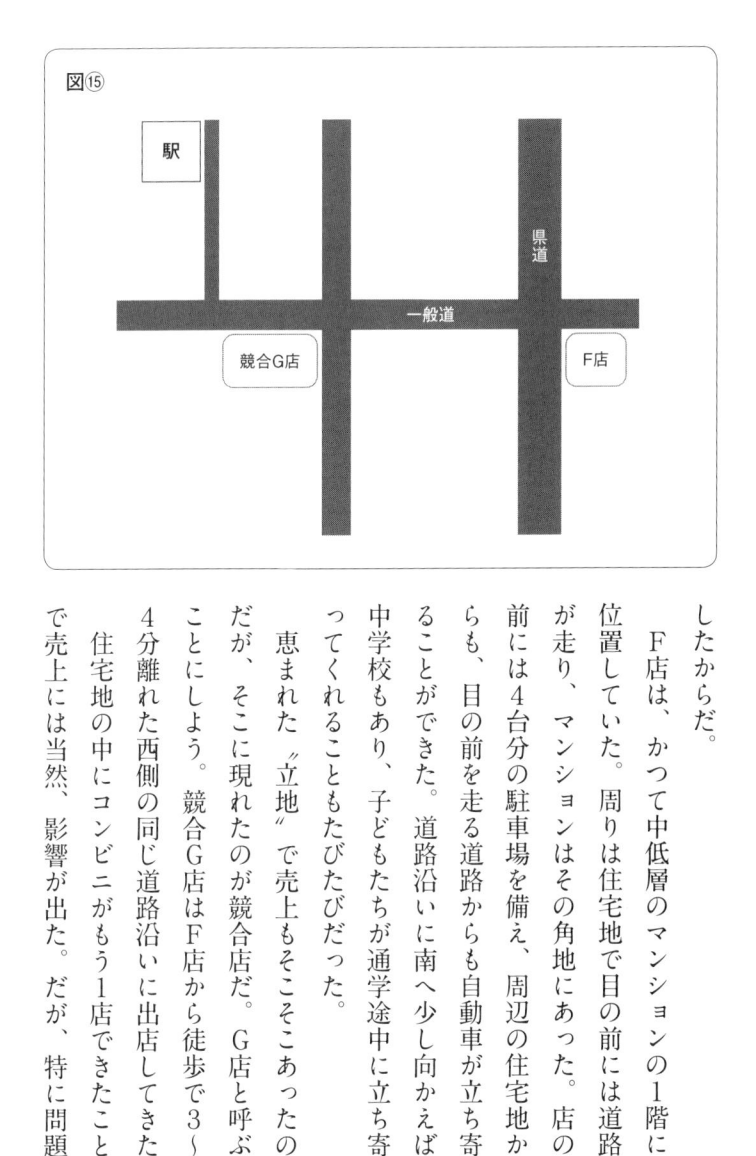

恵まれた〝立地〟で売上もそこそこあったのだが、そこに現れたのが競合店だ。G店と呼ぶことにしよう。競合G店はF店から徒歩で3〜4分離れた西側の同じ道路沿いに出店してきた。

住宅地の中にコンビニがもう1店できたことで売上には当然、影響が出た。だが、特に問題と思われたのは競合G店の位置だ。G店は、F店と最寄りの駅のちょうど中間に出てきたのだ。

F店から競合G店までは徒歩3〜4分、そのまま進んで大通りまでさらに2〜3分、そこで右に折れさらに4〜5分ほど進めば私鉄の駅に着く。競合店のG店は、F店と駅との間に大胆にも割り込むように出店してきたのだ。

F店は駅から10分ほどのところにあるが、通勤客の利用を意識するほどではなかった。朝、住宅地から駅に向かう人は、何か買いたいものがあっても駅周辺にたくさんあるコンビニを利用するはずだ。電車に乗った後、降りた駅で買い物をするかもしれない。職場に近いほうが便利だ。わざわざ自分の家の近くで買い物をして、そのまま品物を持って混み合う電車に乗ることはないだろう。

だが、夕方から夜にかけて事情は逆になる。駅から住宅地へ帰ってくる人たちにとってF店は自宅に近い便利な店になる。買い物で多少、手荷物は増えても自宅が近ければ負担は少ない。家に帰り着く前にちょっと立ち寄るには格好の店がE店だった。

そのような客を競合G店は奪っていった。通勤客がF店にたどり着く前に、途中でごっそりと持っていってしまったのだ。現実に、F店の平日の夜の売上は日に日に減っていった。

いったん出店すれば移転することは難しく、通常ならば店内のオペレーションの改善などに力を入れるしかない。だが、幸いなことにF店には、通りを挟んだ向かいの広い土地が空いていて、借りることができるという話が持ち上がった。

すぐ向かい側なので、目の前を走る車の数や歩行者の数は変わりない。つまり「ポイント規模」は同じだ。また、十数mほどの移動であるため、「マーケット規模」や「商圏の質」も変わらない。ただ、移転しただけでは同じ結果でしかないだろう。

そこで声がかかったのが当社だった。果たして移転することで売上を回復させることができるのか――。移転の際に何をどう改善すれば売上を回復することができるのか――。改善の提案と売上予測の依頼が入ってきた。

◯脅威は徒歩客だけではなく、より広域に及んでいた

競合店のG店の脅威については、当初はその位置だけが重要と思われていた。競合G店は、F店と駅との間に現れ、駅帰りの顧客をごっそりと奪っていたからだ。

だが、実際に競合G店を訪れると意外なことがわかった。G店は15台の駐車場を備え、しか

図⑯

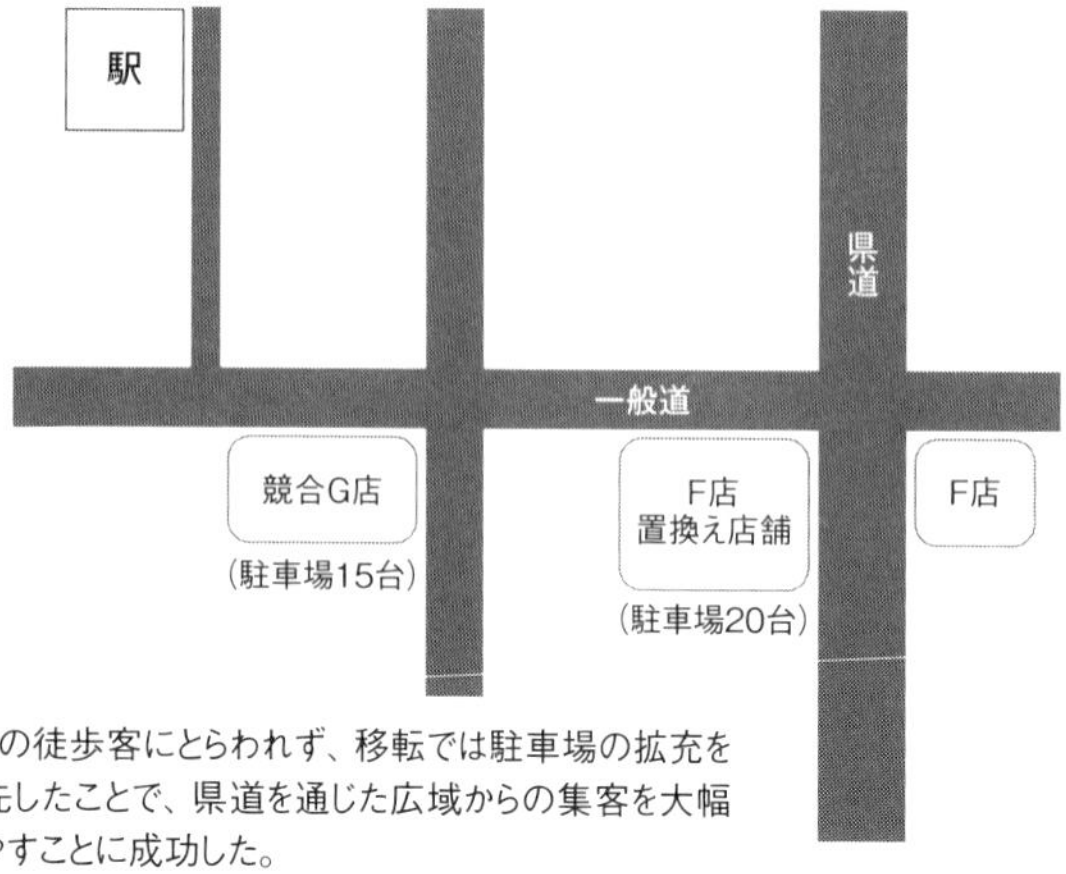

駅からの徒歩客にとらわれず、移転では駐車場の拡充を最優先したことで、県道を通じた広域からの集客を大幅に増やすことに成功した。

も店の前に自動車が余裕をもってターンできる広いスペースがあったのだ。

Ｆ店にとって、駅との間に立ちはだかり徒歩客を奪っていたように見えた競合Ｇ店だったが、どうやら脅威はそればかりでなく、自動車で来店してくる広域まで及んでいたようだ。

徒歩客ばかりでなく、広域の顧客も奪われていた事実に愕然とせざるをえなかったが、この発見はＦ店にとって逆転のチャンスをもたらすものだった。

駅からの徒歩客についてははっきり言って打つ手はほぼない。駅からＦ店までの間のエリアに住む人にとっては、駅からの帰りがけ、自宅を通り越してわざわざＦ店に立ち寄るはずがない。途中にある競合Ｇ店を利用すればすむ。そして、その事情はF店が向かい側の土地へ移ったとしても変わるものではない。

F店より奥、東側に住む人たちの行動も大きくは変わらないだろう。駅から帰ってくる人にとって、最初に遭遇するのが競合G店で、そこから3〜4分歩くとF店が現れる。それより先、東側に住む人にとってはF店で買い物をすることが自然だ。買い物の荷物を持つ距離が短くてすむ。チェーンが違ってもコンビニエンスストアの品揃えはほとんど同じだ。欠品を起こさないよう気をつければこれらの顧客はこれからもF店を利用してくれるだろう。この事情もまた移転で何か変わるものではない（移転により店舗が新しくなり、その効果で客数が一時的に増えることはあるだろうが）。

だが、駐車場を整備すれば話は別である。徒歩客の他に広域から来店を期待できる。現に競合G店はそのために15台の駐車場を備えた。そこでF店でも移転の際、使える土地をギリギリまで駐車場に用いるようにした。結果的にF店では20台の駐車場を備えることができた。自動車が楽々とターンできる広いスペースもある。以前の駐車場台数である4台の5倍になり、競合G店の15台よりも多い駐車場を持つことになった。

この対抗策は、実際の駐車台数の差、5台という数字以上の効果を上げることになった。

F店は、もともと交差点のある信号の角地にあった。向かいに移転しても角地にあることは変わりない。東西に走る道路は競合G店と共通しているが、もう一方の交差する南北の道路は広い。2つの道路のどちらからでも自動車で入ることができるのは以前と変わらないが、駐車場を広く取ることで、入りやすさが格段に向上した。

競合G店も角地にあるが南北に走る道路は生活道路だ。信号もなく車の行き来は限られている。それに比べてF店の広く幹線沿いの土地は開放感が大きく優れていた。F店は、駐車場への入りやすさ――「アプローチ」を物理的にも心理的にも大きく改善することができたのだ。それにより、より広域からの集客を可能にした。

南北に走る道路から店の存在が良くわかるように看板も工夫した。コンビニエンスストアは一般的に高い位置に看板を取り付ける。だが、南北を走る道路には街路樹があり隠れて見えなくなってしまう。看板はわざわざ低い位置に設置して、ある程度のスピードで走ってもドライバーの目に入るようにした。

以前はマンションの1階にあり、なかなか目立たない店だったが、移転により広い土地に店舗を建てることができ、100m先のドライバーからも、「あそこにコンビニがある」と見つけやすくすることができた。「認知性」の中でも「視界性」が大きく向上したのだ。

移転で「マーケット規模」や「ポイント規模」は変えられなかったが、駐車場という「建物構造」を見直すことで、「アプローチ」と「視界性」を大幅に向上させることができたのである。それによって、以前よりもより広域からの集客を可能にしたのだ。

結果はすでにお伝えした通りだ。売上は一気に2・2倍になった。変えられる要素を見極め、さらにその中から何を優先させて改善させるか。その判断しだいで売上は大きく変わるのである。

なぜ、標準化されたコンビニで売上に差がつくのか

◯出店ルールを頑なに守って躍進するコンビニのトップチェーン

コンビニエンスストアは一般的にどのチェーンであっても、扱っている商品は似通って見える。品揃えばかりでなく、価格帯も同じ、また公共料金の支払いができるなどのサービスもほ

とんど変わりなく思える。コピー機やチケット販売のデジタル端末もメーカーや形は違うが、やはりどのチェーンでもひと通り揃え、ファストフードやコーヒー、ドーナツ類などの新商品も、ひとつのチェーンが扱いを始めれば、他もすぐに追随する。一般の消費者にとっては、おそらくどのチェーンの店に入っても区別をつけるのは難しいのではないか。

だが、厳密に見ればそのチェーンの店だけで買えるプライベートブランドの商品があったり、独自に地域商材を扱っている場合があったり、また、サービスのきめ細かさに差があったり、いろいろな面で差が見られる。確かに、商品やサービスの半数はどのチェーンも共通する一方、どのチェーンにも独自性があり、それに加えて日常の品出し、接客、仕入れ、販促などのオペレーションの差が店の売上に影響を与える。

そしてもうひとつ、〝立地〟をどれだけ重視するかという姿勢がチェーンによって大きく異なり、それが売上の差となって表れている。

コンビニエンスストアチェーンの中で群を抜いているのがセブン-イレブンだ。全店の売上高の合計は4兆82億円（2015年2月）で、第2位のローソンの1兆9300億円（同）の2倍以上になっている。

セブン-イレブンの店数は1万8千店ほど、一方のローソンは1万3千店ほどなので、売上合計が大きく違って当然なのだが、1店あたりの平均に直せばセブン-イレブンの強さはさらに鮮明になる。セブン-イレブンの1店あたりの日販が65万円を超えるのに対し、ローソン、ファミリーマートともに50万円台、トップとの差は10万円以上になっている。

何が違うのだろうか。

毎年、売上が発表されるたびに、やはり、新しい商品やサービスを先取りできるトップチェーンだから、いや、消費者ニーズのつかみ方に違いがあるのだ、オペレーションの差だ、欠品がないから、と専門家たちがありとあらゆる角度から分析を試み、それはそれで的を射たものだ。確かに、それらの徹底度が違う。小さな積み重ねが積もり積もって大きな差となって現れている。

だが、もうひとつ見逃せない要素がある。〝立地〟だ。セブン-イレブンは、出店する〝立地〟についても徹底的に調査して選定し、出るべきところに着実に出ているのだ。

まず出店すべき県や地域を定め、そこに一定期間に集中的に出店する。物流等の整備も行った上でのドミナント出店により、地域のチェーンとしてのシェアを一気に奪ってしまう。

さらに1店1店の〝立地〟が絶妙だ。商圏の規模——「マーケット規模」のあるエリアを押さえ、その中で駅前、幹線通り沿い、交差点の角など、人や車が集まる「顧客誘導施設」を逃

図⑰　セブン‐イレブンのマーケット重視戦略

東京都の市区町村人口と出店数の相関

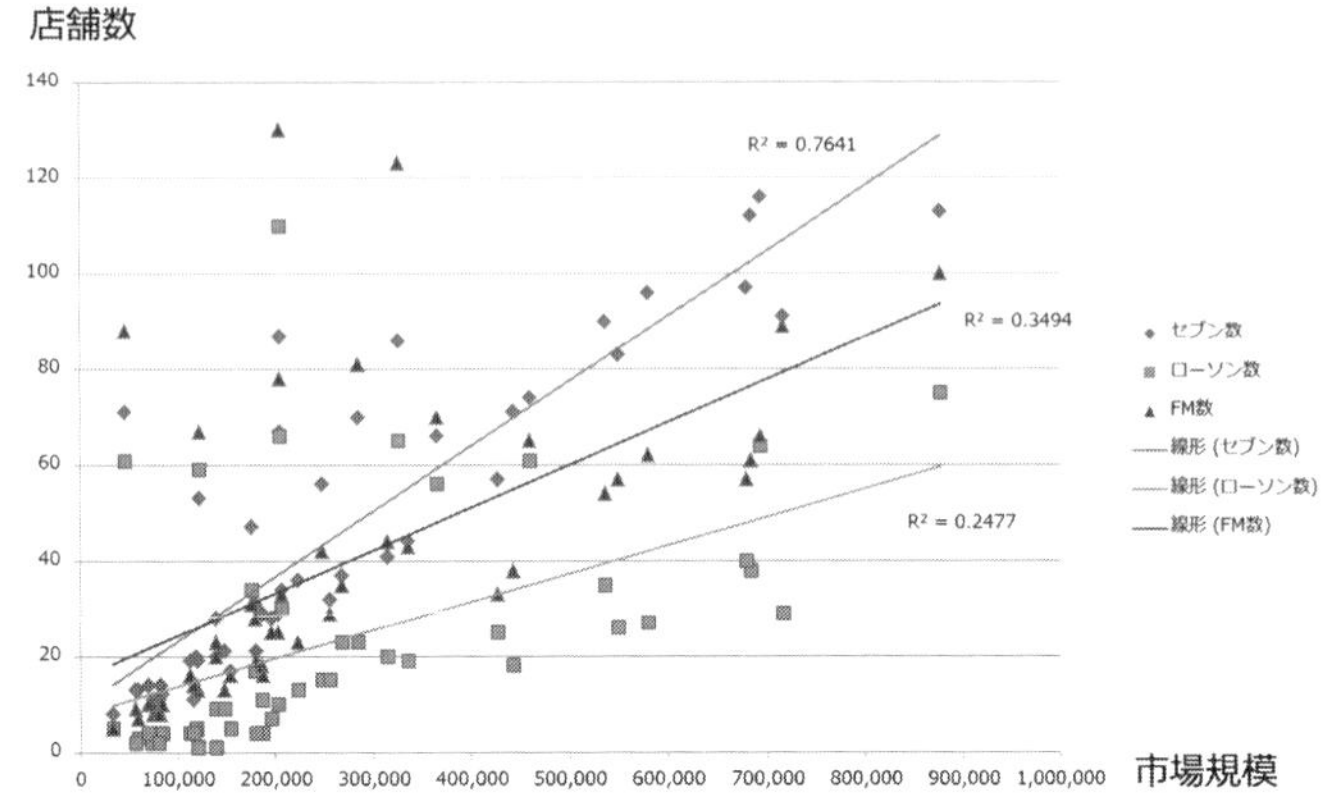

出店している地域をコンビニチェーンごとにプロットしていくと、セブン‐イレブンは市場規模のあるところに着実に店をドミナント出店していることがわかる。

さず、大きな駐車場のための広い土地を確保することも忘れない。「建物構造」や「アプローチ」にも配慮しつつ、緻密な計画のもとで新規出店を進めていく。

時には、他チェーンの既存店の目の前やすぐ近くに出店することもあり、その強引さが取り沙汰されるが、セブン‐イレブンにとっては計画通りに出すべきところに出しているに過ぎない。出店後も店はほぼ計画通りの売上を上げ、経営を軌道に乗せていく。そしていきなり目の前に出たセブン‐イレブンに驚いた競合店は自滅していくのである。

セブン‐イレブンが果たして当社のよ

うな「売上要因」を用いて出店計画を立てているのかどうかは不明だが、同じような考え方で計画的に、かつ、科学的に立地を選定して出店していることは間違いない。その緻密さが各店の売上となって表れ、チェーン全体の躍進につながっているのだ。

先に述べた事例の、コンビニのF店はセブン-イレブンではなく他のチェーンである。そして競合店として出店してきたG店はセブン-イレブンだ。盤石の〝立地〟に出店した競合G店に対し、F店は当初、打つ手がないように見えた。

だが、冷静に競合G店の持つ要素を観察し、分析すると、F店の移転で何が最も重要なのかを見つけることができた。駐車場の台数だ。競合G店を上回る駐車場台数を確保することを最優先にして移転したことで、対抗することができたのである。

出店にスキがないトップチェーンが相手であっても、〝立地〟を科学的に見ることができれば、必ず対抗する手立てを見つけることができる。

◯エキナカという閉鎖商圏の膨大な「マーケット規模」を独占するニューデイズ

コンビニエンスストア業界では圧倒的な力を持つセブン-イレブンだが、良い〝立地〟を確保すれば、確実に売上を上げられるという、もうひとつ興味深いコンビニエンスストアチェーンがある。「ＮｅｗＤａｙｓ（以下ニューデイズ）」だ。

店数は５００店舗そこそこ（２０１５年7月）と、１万８千店のセブン-イレブンと比べようもないのだが、日販は57万円と、実はコンビニエンスストア業界ではセブン-イレブンに次いで2位につけている。

それればかりではない。店の面積は平均で14～15坪、セブン-イレブンをはじめ他のチェーンは30坪ほどであり、その半分に過ぎないのだ。面積は半分なのに業界2位の日販を上げている。坪効率ではダントツ1位ということになる。

すでに利用したことのある人ならば、その理由は十分におわかりだろう。ニューデイズはＪＲ東日本の関連会社であるＪＲ東日本リテールネットの運営による。エキナカに出店することで、駅を利用する膨大な人の利用に支えられ、他のコンビニチェーンを大きく引き離す坪効率を上げている。

たとえば、東京のＪＲ品川駅は、上野東京ライン・京浜東北・山手・横須賀線などの各在来線や東海道新幹線が乗り入れ、京急本線などとの乗り換えも発生する巨大ターミナルだ。１日の平均乗換客数は、約１２０万人を数える。

ＪＲ品川駅の改札の内側にはエキナカ――ショッピングエリアが整備され、その中でもコンビニは、エキュート品川サウス内のニューデイズだけだ。完全な独占状態だ。

他の駅でも事情は同様だ。エキナカという閉鎖空間の恵まれた〝立地〟にあれば、１日平均で約１６００人とセブン-イレブンの約１０００人を大きく上回る来客数を得ることができる。膨大な乗換客――「ポイント規模」があり、「競合」がないという好条件のエキナカならば、コンビニエンスストアに限らず、飲食・小売を問わず高い売上が望めるのは間違いない。

結果だけ見れば、エキナカのニューデイズが売上を上げるのは当然のことに思える。だが、その特別な〝立地〟を見つけ、開発したＪＲ東日本と関連会社の先見性に注目する必要がある。〝立地〟しだいで売上はいくらでも上げられる。それを物語る典型的な事例をニューデイズは示してくれたのである。

各チェーンは適切な立地を求め、今も多様な実験を繰り返している

台湾のロードサイドでは、マクドナルドが他の飲食店よりも優位なハード条件で出店している。ケンタッキーフライドチキンや吉野家などの業態が駐車場なしで出店していても、マクドナルドは20台以上の駐車場を持ち、ドライブスルー機能を持ちながら出店している。

マクドナルドのブランド力・資金力があればと考えがちではあるが、さまざまな仮説を構築し、実験し、検証し、その結果を新店に活かすというサイクルを科学的に実施することで、高い売上を獲得できる店舗を出店していると考えられる。

立地条件とは万国共通で、お客様を受け入れるサービスレベルであると解釈できる。

・駐車場の台数が多い⇒「より多くのお客様が駐車場に車を止めて利用していただくことができる」

・店舗面積が広い⇒「多くの商品を陳列しお客様に提供できる。多くの座席で食事していただくことができる」

共通する一面がある一方、海外のお客様には独特の価値観や日本とは違う来店目的があるため、日本国内で成功する立地と、海外で成功する立地は、必ずしも同じではない。

海外に出店する際には、国によって異なるお客様の需要に対して、適切な立地条件・ハード条件で出店することが成功につながると確信している。

視察で台湾市内を訪れた際に、わずか15m程離れた場所に、セブン-イレブンがリプレイスしている現場に遭遇した。もちろん、建物の老朽化などでの移転も考えられるが、駅に近い角の立地で、かつ店舗面積が大きくなっていたので、戦略的な移転であったと考えられる。

より良い立地条件への出店は、単純に売上額が純増するだけでなく、競合店の出店を抑制する効果もある。短期的には投資がかかっても、長い目で見ればより大きな利益が見込める。日本国内ではダントツの力を誇るセブン-イレブンであっても、海外では最適な立地を求め、今も試行錯誤を続けている。

第4章

なぜか田んぼの真ん中で大繁盛——カフェを成功に導いた“要素”とは？

あれだけの顧客はどこから来るのか？

○朝は男性、昼は女性でいっぱい、土日祝日には家族連れも

東北地方のある地方都市。県道沿いにあるHチェーンのカフェは、斜向かいにパチンコ店がある他は、周りは見渡す限り田んぼが広がっている土地だ。

だが、この店がオープンする毎朝7時前には50台以上ある駐車場の大半が埋まり、店のオープンとともに人が店になだれ込んでいく。Hチェーンでは、午前11時まではドリンクにトーストなどが無料でつくモーニングサービスを行っており、それが好評で顧客が集まってくるのだ。

そればかりではない。日中になると中高年の女性客の姿が増えてくる。数名のグループでやってきては、楽しそうにおしゃべりをして帰っていく。また、土日や祝日には家族連れで賑わう。みんなで分け合えるほどの大盛りのサラダやサンドイッチ類が人気のメニューだ。

日本の都心ではカフェを見かけることが多くなった。海外から入ってきたものも多く、おし

ゃれな店があちこちでチェーン展開されている。いずれもコーヒーや紅茶などのドリンク類を提供することはもちろん、サンドイッチや菓子パンなどの軽食を揃えている点も共通している。

多くのカフェチェーンが集中するのが駅前だ。だが、Hチェーンが力を注ぐのは、道路沿いの一軒家――路面店である。

往来の激しい国道などの幹線道路沿いの店もあれば、2車線のみの県道や市道沿いの店もある。だが、何といっても注目すべきは、周りは見渡す限り田んぼや畑が広がっている中にある店だ。

この東北の店に限らず、Hチェーンでは周りが田んぼや畑であるにも関わらず、かなりの売上を上げている店は少なくない。田んぼとカフェとはいかにもミスマッチに思えるが、それぞれの店にはしっかりと顧客が集まり、現実に利益を出している。なぜなのか。

まず、周辺には一見、何もなさそうだが、実は十分な「マーケット規模」がある。

この地域では、自動車が生活の中にごく普通に溶け込んでいる。どこへ行くにも誰でも自動車を使い、成人している人ならばひとり1台、自動車を保有している家庭は多い。地域には田んぼしか見えず、実際に人口密度は低いものの、車社会であるため「商圏」が非常に広範囲になる。自動車を用いて、数kmの範囲はもちろん、10kmあるいは20km離れたところからも顧客は店にやってくる。

広く商圏を設定できることで、十分な「マーケット規模」を得ることができるが、さらにその中で「自動車を足代わりに使う人」という「商圏の質」があることも見落とせない。しかも、この店には多様な「商圏の質」の人たちが集まってくる。

朝はモーニングサービスを目当てにした通勤途上の男性客が多い。だが、そのピークが過ぎ、いったん落ち着いた後の午前から午後にかけては女性客が増え始める。特にグループでやってくる女性は多く、2時間、3時間と楽しそうにおしゃべりをしては帰っていく。もちろん彼女たちも自動車でやってくる。

この時間が自由になるところを見ると専業主婦だろうか。朝、夫や子どもたちを会社や学校に送り出した後、ひと息つくために来店するようだ。

この店は、土日ともなれば家族連れで賑わう。

平日の朝を除けば、キーになる層は女性らしい。余裕のある女性たち――おそらく子どもがある程度大きくなり、子育てに一段落した中高年の女性たちが、この店の平日の日中には欠かせない顧客になっている。そしてそのような「商圏の質」を満たす顧客たちが、この地域には確かに存在するのである。

○広い土地ゆえに「視界性」「周知性」「アプローチ」が大幅に向上

この地域にある十分な「マーケット規模」があり、「自動車を足代わりに使う人」と「余裕のある中高年の女性」という「商圏の質」があることがわかってきた。そこまで見えてくると、田んぼの真ん中に店を出すことがかえってメリットだということも理解できてくる。

まず、ここならば遠くからでも見える背の高い看板を立てることは容易だ。密集している街中では電線や街路樹が邪魔になったり、近隣へ配慮したり、場合によっては何らかの特別な許可が必要になるだろう。だが、広い土地があれば多くの問題は解決する。日中はもちろん、夜間でもかなり遠くからカフェの看板を見つけることができる。「視界性」が大きく向上し、それだけで店の存在に気づき来店してくる顧客は増える。

遠く離れている段階で看板を見つけたドライバーは、店に近づくにつれて、今度は店そのものが目に入るようになる。Hチェーンはログハウス風の独特の店がよく知られている。広い土地があれば、その特色ある店の姿を道ゆくドライバーたちに見せることができる的確な場所に建設することが可能になる。

看板と店舗それ自体によって、「視界性」も「周知性」も向上するわけだ。看板が目に入り、次に店が見え、さらに中の温かい光とともにくつろぐ人々の姿まで見えてくれば、自分もひと休みしていこうと考える人がいてもおかしくないだろう。

店に入ろうかと考えた人にとって次に問題になるのが駐車場だ。自動車を運転する人ならば、駐車スペースを探す苦労は何度も経験ずみだろう。この店ではその心配は全くない。案内の看板に従ってハンドルを切れば、楽々と駐車場に入ることができる。これも広い土地があるおかげだ。導かれるまま敷地に入れば、50台以上も入る広い駐車場が待っている。これも都心では考えられないが、田んぼの真ん中ならば可能だ。

広い駐車場は特に中高年の女性たちをはじめ、運転の苦手な人にとってはありがたい。空いている場所を見つけるのも、そこに入るのも、また、そこから出てくることも、前後に十分なスペースがあれば容易だ。ターンをしたりバックしたりしやすく、止める場所によってはバックする必要もなく出てくることができる。都心の狭い駐車場で、他の自動車と接触しないよう冷や汗をかきながら駐車するのとは雲泥の差だ。「アプローチ」が大幅に向上するのである。

◯くつろげる「建物構造」は長時間滞在を促し、追加注文にも

Hチェーンのカフェでは基本的にテーブルを挟んで向かい合う4人席、あるいは6人席をメインに設置している。ファミリーレストランを思わせる造りだ。この「建物構造」も、平日に訪れる女性グループにとって使いやすい。「中高年の女性たち」という「商圏の質」にピッタリとマッチしているのだ。

4人席、6人席が多いことは土日祝日に来店する家族連れにとっても来やすくなる。もちろん2人でお茶を飲みにきた人にとっても、モーニングサービス目当てにひとりで来店した人にとっても、ゆったりと過ごすことができる。

都心のカフェの場合、イートインタイプの店であっても席は狭く硬く、居心地が良いとは言えない店は少なくない。「ごゆっくりどうぞ」と言われても、硬い椅子を我慢しながら過ごす人は多いのではないか。高い家賃を回収せんとばかり、一定時間内に少しでも多くの顧客をさばきたいのが都心のカフェの本音だろう。現実に顧客の回転数は店の収益に直結している。

だが、このチェーンでは、ゆったりできる席の造りに加え、雑誌を豊富に揃えるなど、むしろ顧客に長時間の滞在を促している。そして、そのねらいは見事に当たっている。顧客は長時

間、滞在するうちに、ついつい追加注文をしてしまうのだ。

メニューにはコーヒーや紅茶などのドリンク類はもちろん、サンドイッチやサラダなどはボリュームが豊富で、多人数で分けて食べるのに向いている。また、子どもや女性が好むようなスイーツも数多く揃えている。

長時間滞在しているうちに、顧客はお腹が空いたからと軽食を頼み、それを食べた後はデザートもとついつい追加で注文してしまう。居心地の良い「建物構造」と豊富なメニューは、利益を上げる要素として関連して成り立っているわけだ。

「商圏」を広く取れば取るほど、そこに割って入ってくる競合店も多くなる。だが、幸いなことに、カフェチェーンの大半は駅前をはじめもっぱら都心に目が向いている。Hチェーンのように路面店、しかも、地方の路面店に目をつけているチェーンはまだまだ少ない。

「自動車を足代わりに使う人」「余裕のある中高年の女性」たちが見つけやすく、入りやすく、居心地良く過ごせることは、Hチェーン独自の付加価値と言ってもいいだろう。それらが見事にリンクし合い、〝田んぼの真ん中の店〟を成り立たせているのだ。

今は店に入った感想が広くネットで公開されている。この店を訪れた顧客のひとりは「安心感がある」と評価している。「商圏の質」を的確にとらえ、「視界性」「周知性」「アプローチ」

を向上させて来店しやすくし、店に入れば、「建物構造」などで居心地良く過ごせるようにする。それらを追求してきたことが、「安心感」という総合的な評価につながっている。「売上要因」で見れば、漠然とした評価の詳細も見えてくるのである。

コンビニ跡地で躍進するリラクゼーションチェーン

○軽自動車の動きから読める「商圏の質」

もみほぐし、リラックス、ボティケア……。都心部や地方都市を問わず、駅前で必ず目にするのがこれらを謳ったリラクゼーションの店だ。商店街で空き店舗が出ると、かなりの確率で新しく入ってくる店でもある。

整骨院（接骨院）や鍼灸院が、捻挫や脱臼、あるいは神経痛、リュウマチなどのケガや疾患からの回復を図るための施術を受けるところであるのに対し、リラクゼーションの店はケガや病気でなくとも、疲れた身体をもみほぐしてくれる、気軽に利用できるところだ。仕事ではストレスが増大し、パソコンやＩＴ機器を使うことで眼が疲れたり肩こりに悩まされたりする。現代の消費者ニーズの高まりとともに、急伸している分野だ。

チェーン展開する企業も数多く現れているが、その中でも注目を浴びているのがここで紹介する企業だ。Ｉチェーンと名付けよう。

２０１０年の会社設立からわずか5年で全国に４００店舗を展開させた。規模、スピードともに類を見ない。

躍進の理由のひとつが低価格だ。駅前でよく見かけるリラクゼーションの店のほぼ半額という値段が多くの消費者を惹きつけ、多店舗展開を促した。

もうひとつの理由が、店はすべて直営ではあるが、働いているセラピストなどのスタッフは従業員ではなく、業務委託契約を結んでいることだ。契約を結んだ人にひとつの店をまるごと任せる形にして、売上の一部は本部に納めるが、残りは本人の報酬になる。自分で投資することなく店を持てるようなもので、限りなく独立経営に近い運営ができる。この仕組みにより、個人の裁量で顧客との信頼関係を築きながら売上を伸ばす店が増え、チェーン全体の急伸の力となった。

さらにもうひとつの理由が、店の〝立地〟だ。

多くのリラクゼーションの店が駅前などの都心部で展開しているのに対し、Ｉチェーンはロードサイドを中心に店を展開しているのだ。

○同じロードサイドでも、生活道路沿いという穴場をねらう

ロードサイドと聞けば、頭に浮かぶのは郊外の大型店ではないだろうか。総合スーパーや家電専門店、衣料品店、ドラッグストア……。全国で数多くのロードサイド店が作られ、ひとつの時代を作ってきた。

Ｉチェーンのリラクゼーション店は、そのような幹線道路沿いにもあるのだが、それよりもむしろ多いのが、国道というよりは県道や市道、生活道路のロードサイドの店だ。マイナーなロードサイド店と表現すれば良いだろうか。そしてそのような店のほうが繁盛している傾向がある。

埼玉県の県道沿いにある店もそのような店のひとつだ（図⑱）。県道の交差するところに広

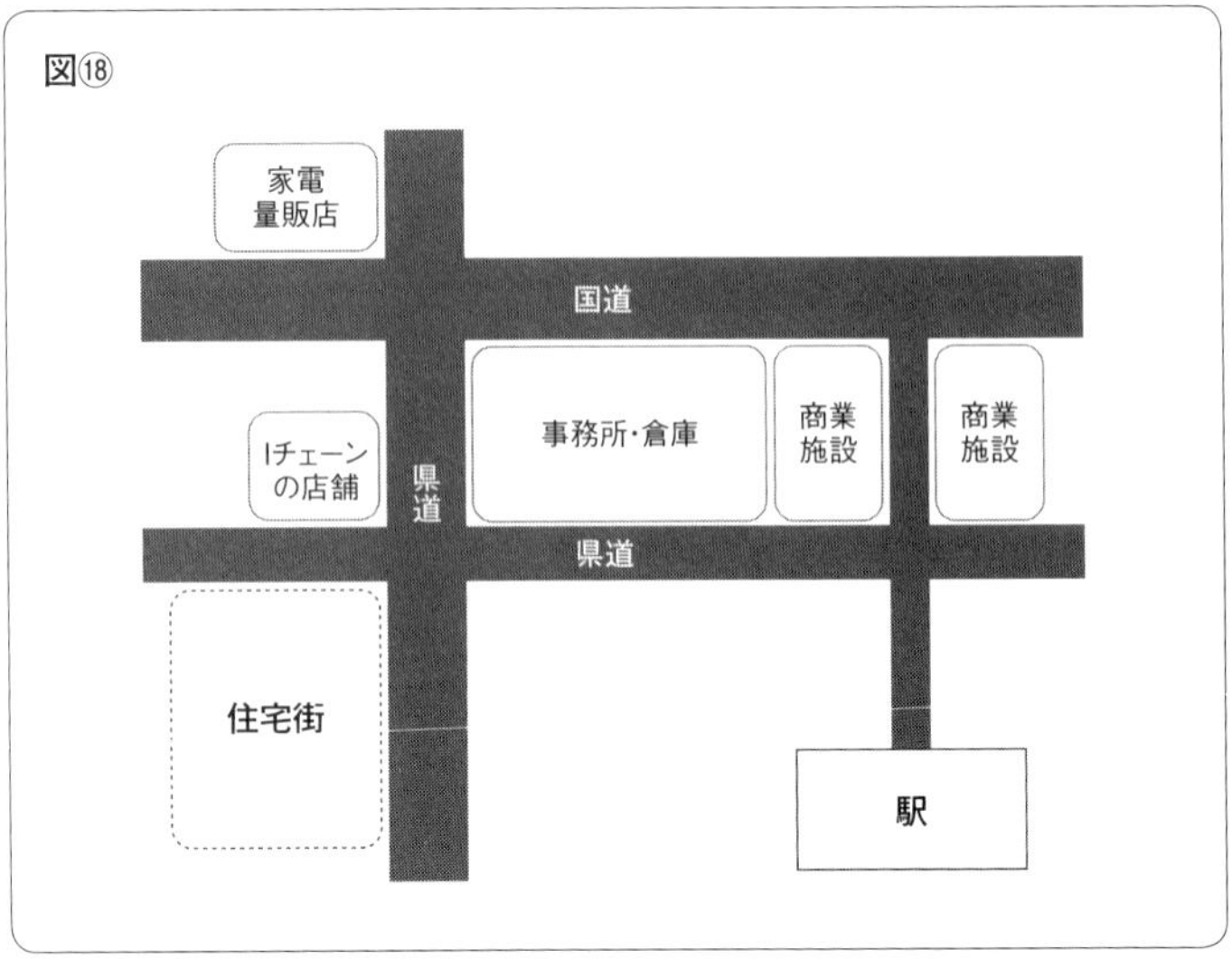

い敷地を持ち、その奥の角に50坪ほどの店があり、また店の前には15台分の駐車場を設けている。もとはコンビニエンスストアだ。撤退したコンビニの建物を居抜きで改装した店だ。

店の南東方向には歩いて行けるところにJRの駅があり、その少し北側からショッピングセンターなどの商業施設が始まっている。そしてその周辺に事務所や倉庫などが並ぶエリアが続き、リラクゼーションの店は、そのさらに先、住宅地が始まるちょうど入口あたりに位置している。

2つの県道の交差点にあり、広い駐車場を持つ、そして、住宅地の入口にある、というこの店の〝立地〟が大きな強みだ。駅と住宅地、さらに商店街という「顧客誘導施設」が近くにあり、それらをつなぐ「動線」上に店はある。また、目の前は県道という「動線」であり、広い敷地という恵まれた「建物構造」も持つ。

住宅地の入口にあるため、まさにその住宅地の住民たちが主な店の利用者になっている。店の前の駐車場に止まっているのはほとんどが地元の車だ。道路沿いだからといって広域からの集客をねらっているわけではない。あくまで地元密着。近隣からの来店がねらいだ。だからといって徒歩だけでやってくる人では限界がある。店の周辺、近隣には違いないが、自動車でやってくる人たちをターゲットにしており、住宅地の入口にあるという〝立地〟が、住民にとっては来やすい利便性の高い場所になっている。

2つの県道の交差点にあるため、どちらの道からも入りやすい。実際、この店では敷地の広さを活かしてどちら側にも入口と出口を作っている。住民にとってみればストレスなく、この店に来ることができるわけだ。

そして待ち受けているのが広い駐車場であることは非常にありがたい。入りやすいだけでなく、出る時も抵抗はない。信号のある交差点である点が有利に働く。どちらの道に出るにせよ、その道が信号待ちになって車の流れが途絶えたスキに道に出れば良いからだ。

これらが、国道などの幹線ではなく、県道や市道、生活道路のロードサイドにある店が有利であるという理由だ。

○リピートしやすい裏通りの店が実は繁盛店

総合スーパーや家電店、衣料品店など、郊外のロードサイドに展開する一般の大型店ならば、店が大きいだけで目立ち、道路をかなりのスピードで走っていても見逃すことはない。

だが、このリラクゼーションの店はそれほど大きいわけではない。もちろん中にはかなりの大きさの店もあることはあるが、たいていが前述のようにコンビニエンスストアや飲食店の後に入った店だ。建物は平屋かせいぜい2階建てで、敷地こそ広いが店の面積は1フロアあたり50坪前後だろう。

このような小さな店が、トラックやトレーラー、営業用の自動車が多数、スピードを上げて走る幹線のロードサイドに出てもそれほどメリットはない。

まず、他の大型店に隠れてしまい、道行くドライバーたちに店の存在を気づいてもらえない。「視認性」が著しく落ちる。

また、リラクゼーションという業種そのものが、ふと思いついて立ち寄る類のものではない。

営業先を回り、会社への帰路を急いでいる営業マンが、ふとロードサイドの看板に気づいてリラックスしていこうかと立ち寄るだろうか。会社に戻ればまだ仕事は残っている。途中でいくらリラックスしても、再びストレスのあるところに戻るのであれば、のんびりする気も失せる。トラックやトレーラーのドライバーたちにとっても同じだ。店を出た後も、緊張を強いられながら走り続けることを考えれば、店の存在に気づいたとしても途中で立ち寄ろうとは思わないだろう。

来店する人は、今日はリラックスするのだと、あらかじめ店に来るためにわざわざ時間を作ってくる人だろう。店を出た後も、後は寝るだけなどのんびりできる状況にある人が多いはずだ。

そのような人たちは、せわしない幹線道路沿いにある店よりも、気軽に行ける生活道路沿いにある店のほうがありがたい。

徒歩で行ければ一番良いが、車で行くにしても、行き帰りの運転で疲れるようなところではなく、リラックスしたまま帰ってくることができる場所のほうが良い。遠くではなくできるだけ近く、車の往来が激しく運転に神経を使う幹線道路沿いではなく、のんびり運転していける生活道路沿いにあったほうがありがたい。特に、リラクゼーションの店は気に入れば何度も通うことになる。それならば余計に手軽に行けるところが望ましい。

目の疲れや肩こり、足腰の痛みを和らげたいという人は中高年や高齢者に多いに違いない。そのような人たちにとってはなおさら運転に神経を使うところは避けたい。往来の激しい表通りの幹線よりも、静かな裏通りの生活道路沿いの店のほうが繁盛しているのは、こういう理由がある。

◯一度馴染みになってしまえば——先駆者により大きなメリット

住宅地のコンビニや飲食店の跡地は、このチェーンにとっては格好の出店先だ。まず、周辺にある程度の「マーケット規模」を見込むことができる。コンビニや飲食店が撤退している以上、そもそも「マーケット規模」がなかった可能性があるが、特にコンビニの場合、競合店の進出で売上が落ちて撤退するケースは多い。コンビニにとっては競争の厳しい土地であっても、郊外店での競争が本格化していないリラクゼーション業界の店にとっては、十分な「マーケット規模」を備えているケースが多い。

コンビニ跡地は、店の建物をはじめ、駐車場などの設備がひと通り揃っている利点もある。

第2章でも触れたようにコンビニチェーン間の競争は激しく、少しでも大きな駐車場を、少しでも利便性の良いところをと、各チェーンは店の付加価値を上げるために競っている。駐車場の広さは、そのままリラクゼーションチェーンにとっての利点になる。そして、設備がそろい条件の良い立地の物件を、居抜きという比較的安い家賃で利用できることは大きなメリットになる。

現在リラクゼーション業界では、チェーンがどんどん生まれ、各地に進出している。だが、今のところ多くのチェーンは駅前での出店に集中し、ロードサイドにはまだ目が向いていない。いずれは他チェーンもロードサイドのおいしいマーケットに気づくだろうが、そうなった時に、他チェーンがそっくり真似をしてロードサイドに出てくることはないのだろうか。かつてコンビニ業界で起きたような熾烈な競争が、再び起こることはないのだろうか。その結果、コンビニ同様、撤退せざるをえない店が出てくるのだろうか。

リラクゼーション業界の場合、若干、考え方を変えなければいけない。

コンビニの扱う品物やサービスは、消費者から見ればほとんど変わらなく見える。現実にはチェーンが違えば品揃えや提供するサービスはかなり変わり、それが店の売上を大きく左右しているが、通常、自宅の近くにコンビニができれば、消費者はそちらを利用し始め、遠いコンビニには足が向かなくなる。たとえ商品やサービスが多少違っても、多くの場合、代替が効くからだ。また、ひとつのチェーンが新しいことを始めれば、他のチェーンも競うように追随するので、近くにできたコンビニを初めは多少物足りなく感じたとしても、時間が経てば満足できる店になる可能性は高い。

そのようなわけで、近ければ近いほど、行きやすければ行きやすいほど、消費者は簡単にコンビニをスイッチしてしまいがちだ。

だが、リラクゼーションの場合、事情は異なる。利用者は靴を脱いでベッドに横たわり、赤の他人に自分の身体を触らせる。信頼関係が基本であり、初めの店が気に入って通い始めれば、そこを利用し続ける可能性は高い。

確かに、自動車での来店が前提ならば商圏は広く、どこかに競合店が割り込んでくる可能性は高い。だが、利用者は地元の高齢者など、比較的、時間は自由にできる人たちだろう。近いからといって簡単に他の店に乗り換えることはなく、多少遠くても馴染みの店に通い続けるのではないだろうか。

そもそも多くのリラクゼーションの企業は駅前などの都心に目が向いている。マイナーなロードサイドという特殊な〝立地〟のメリットに気がついたＩチェーンの躍進は、しばらく続くと考えられる。

国特有の移動手段が理解できれば、適切な「商圏」を把握できる

売上要素のひとつ、「商圏」の範囲や広がり方についても、国や地域によって特徴がある。それは移動手段と深く関連しているからだ。

台北・上海・ソウル市内など、地下鉄が発達している都市の中心部では、地下鉄での移動が主であるが、これらの国では日本以上に広域から中心市街地までバス移動が一般的になっているため、バス利用による商圏の広がりが見られる。

また、台湾や中国、ベトナムなどでは、バイクが基本的な交通手段だ。日本での自転車感覚でバイクを利用しているため、日本に比べると移動範囲は広域になり、商圏範囲も広域に広がりやすくなっている。

バイクが重要な移動手段になっている都市では、店にバイクを止められるスペースを持てば、商圏範囲を広域に設定でき、より多くの需要が獲得できると考えられる。

これらの国のバイクは、日本の自転車に近い感覚であり、現実的には広い歩道や車の往来の少ない道路等に駐車することが可能だ。必ずしもバイク専用の駐車場を保持する必要はないが、各国には道路に関する法令があり、それを守るためにも、実際に出店する際にはバイクの駐車スペースを常に念頭に入れておくべきだろう。

一方、ハワイのホノルル等海外からの観光客が多く訪れる都市では、地域の居住者ではなく、宿泊客を対象にしたコンビニエンスストアビジネスが成立している。移動手段はほとんど徒歩ということになる。

大規模なホテルでは、ホテル内に複数店舗のコンビニエンスストアが出店するケースも見られる。宿泊客＋観光客の需要のみで、複数店舗の売上が成立している。

近年、アジア各国におけるコンビニエンスストアの出店数は増加しており、バンコクやソウル市内の一定エリアでは飽和している状況が見受けられる。今後は、各国の市街地エリアの成長度合いにより、特にコンビニエンスストアや飲食店舗はロードサイド立地の重要性が高まると想定される。だが、人口密度や世帯収入を見ると、日本と同様にロードサイド店舗が成り立つには時間を要すると考えられる。

第5章

読めれば成功、
読み違えば打撃、
変幻自在の「動線」を
味方に

はるか先まで畑だけの土地のファストフード店

◯実は2つの街の真ん中にあった抜群の「マーケット規模」

関西のある地方都市に出店しているファストフード店は、第4章で紹介した東北のカフェ同様、田んぼの真ん中にある店だ。J店と名付けよう。しかし、ある意味、環境はカフェよりも厳しい。

周りは田んぼであるところは同じだが、カフェの場合、道路沿いにはまがりなりにも建物があった。だが、J店の周りにはほとんど他の建物が見当たらない。文字通り、田んぼに囲まれている。

店の造りもかなりユニーク、というよりチェーン展開としてはかなり異質に見える。

まず、敷地の角に立てられている看板は、他に遮るものはないためかなり目立つ。

通常、チェーン展開する店は、看板類はもちろん店のデザインも統一して、消費者の「周知性」を高める努力をする。この店も全国的によく知られたチェーンで、看板こそよく見かけるファストフードのものが掲げられている。

だが、建物はおそらく以前は他の店だったものをそのまま利用しているのだろう。一見してこのチェーンの店とはわからない。また、かなり古く、少し離れたところから見れば、営業しているのかどうかさえ不安になるような外見だ。

総合的に見て「視界性」や「周知性」が高いとは言えない。

10台分の駐車場のスペースの奥に通路が設けられている。店に向かって左側から駐車場の後ろをぐるりと回り込めば、建物の右側に設けられたドライブスルーを利用できる仕掛けだ。確かに、看板には「ドライブスルー」の記述があり、駐車場のところにも案内の看板はあるのだが、これもまた頼りない。初めて訪れる人が、果たしてこの看板類を見ただけでドライブスルーの窓口までたどり着けるのか、かなり迷うのではないのだろうか。「アプローチ」は決して良いとは言えない。

駐車場の台数とドライブスルーの存在で、テイクアウト主体の店と思われるが、店内にはそれなりの座席はあり、居心地良くすっきりと整頓されている。イートインとしても力を入れている。しかし、それにしては駐車場が足りず、どちらをねらっているのか中途半端な「建物構造」だ。

「視界性」「周知性」「アプローチ」「建物構造」、どれを取っても決して高得点とは言えない。しかし、この店は繁盛している。なぜ、このような〝立地〟で順当な経営が可能なのだろうか？

○強力な「動線」の存在によって成立する〝立地〟

見渡す限り田んぼが広がる〝立地〟にありながら、実はこのＪ店には確実な「マーケット規模」が存在する（図⑲）。

店の前を南北に走る県道を北へ約２㎞のところから始まるのが一戸建ての住宅地だ。そこから大きな住宅地が広がっている。

店から県道を逆に南へ下ると、１㎞ほどのところからやはり住宅地が広がっている。畑の真ん中にありながら、南北に自動車で数分走れば十分な２つの「マーケット規模」を持つ住宅地にぶつかるのである。

それだけではない。

２つの住宅地を結ぶこの道は地域を縦断する唯一と言っていい道だ。北へは枝分かれしなが

図⑲

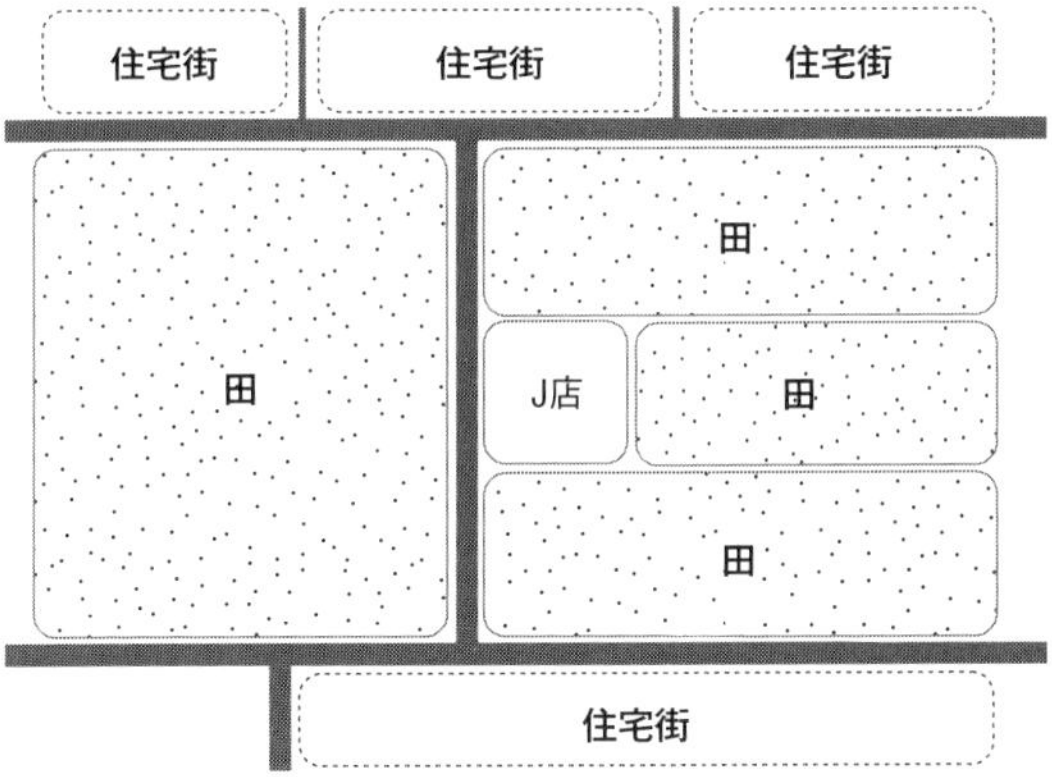

ら県内をめぐる道となり、南は県境を越えて他県にまで通じている。一見すると、田んぼの中のさびしい一本道に見えるが、この地域では南北を通り抜ける数少ない幹線なのだ。2つの住宅地を行き来したり、地域を南北に抜けようとする場合、この道を通るしかない。この辺りの唯一、強力な「動線」になっているのである。

「動線」とは、2つ以上の「顧客誘導施設」を結ぶ線のことだ。

通常、一度できた「顧客誘導施設」がなかなか動きにくいのに比べ、「動線」のほうは動きやすい。3つめ、4つめの「顧客誘導施設」ができて人の流れが複雑になるからだ。「顧客誘導施設」が3つ、4つと増えるに従ってできる動線も、また、各「顧客誘導施設」に惹きつけられる人もそれぞれ分かれ、通る人たちの層も複雑になる。

だが、J店の場合、2つの住宅地という「顧客誘導施設」は簡単に動くことはない。そしてそれらをつなぐ唯一の道もまた動かぬ強力な「動線」となっている。

J店が、20年にわたって安定した営業をし続けられるのはこういう理由からだ。

J店に限っては、「視界性」「周知性」「アプローチ」「建物構造」が低得点であっても構わない。

おそらく、利用客の多くは通い慣れたリピーターではないのだろうか。初めは店なのかどうか、本当に営業しているのかどうか、不安を持つ人は少なくないだろう。だが、一度利用すれば店内は居心地良く、ドライブスルーのサービスも快適とわかる。2度、3度と通い慣れてくれば、店の外見やドライブスルーの案内の看板は問題にならなくなる。

強力な「顧客誘導施設」と「動線」さえあれば、このような店も成り立つのである。

変化を読み違えれば大打撃となる「動線」

○たった一本違うだけで大きな違いが

J店のケースは、2つの住宅地という「顧客誘導施設」、そして1本の県道という「動線」があれば、店に十分な売上をもたらすという事例だった。たとえ「視界性」や「アプローチ」などの他の売上に影響を与える「売上要因」が多少劣っていたとしても、「顧客誘導施設」と「動線」さえあれば、他の要因を凌駕するほどの強力さがあったわけだ。周りに田んぼしかないエリアだからこそ、2つの要素が際立つことになったと言って良いだろう。

しかし、多くの店は「売上要因」が複雑に絡み合っている。駅があり、商業施設があり、道は何本も存在して交差し、その間に学校もオフィスビルも住宅地もある。要素は限りなくあり、お互いに関連し合っている。

「動線」という概念は、このように多数の要素が複雑に絡み合ったエリアであっても、〝立地〟

の特性を非常にシンプルに表してくれる。

東京都の西部、町田市では、駅前から西に伸びる道路の交差点付近で、「動線」に乗るか乗らないかで、くっきりと明暗が分かれている2つの対照的な土地を見つけることができる（図⑳）。

ひとつは交差点の北西角にある飲食店だ。K店と名付けよう。夕方から夜にかけてはシンボルマークの赤いネオンが煌々と光り、顧客の姿が絶えることはない。

もうひとつが、駅前通りを挟んだその向かい側、交差点からさらに西方向へ40mほどのところにある建物だ。こちらはコンビニエンスストアとしてオープンしたが撤退し、その後、何軒か店が入っては出ることを繰り返し、現在は小さな会社の事務所として使われている。結局、店舗としては成り立たなかったようだ。現在は店ではないが便宜上L店と名付ける。

2つの土地は面積が大きく違い、そもそも業種も違う。そのため比較しようがないと言ってしまえばそれまでなのだが、「動線」の違いを知るには格好の材料になっている。

まず、どちらの店も駅前通りに面しており、自動車の往来はかなり激しい。「ポイント規模」はどちらの店にも十分にある。また「マーケット規模」も変わらない。2つの店は駅前通りを

図⑳

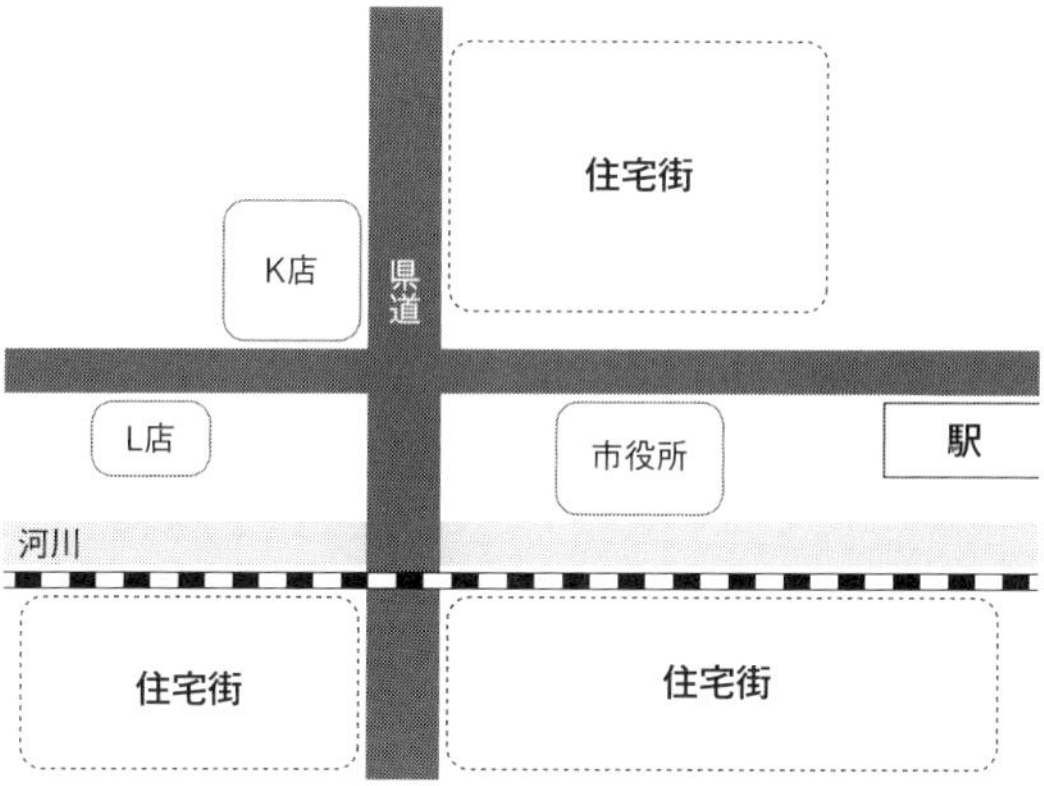

挟んで斜向かいの位置にあり30mほどしか離れていない。駅から800mほどのこの地点では四方八方に住宅地が広がっている。2店にとっては十分な「マーケット規模」があるはずだ。

2店の大きな違いは、まず敷地の面積である。飲食店のK店は角地にあり、敷地の面積は十分、奥に駐車場が20台分ある。

一方、L店のほうは土地は小さく、その中に、コンビニエンスストアのために建てたと思われる平屋の建物が今も残っている。そして、店の前にあるのは4台分の駐車場だ。

駅前通りにあるのに駐車場が4台分だけとはいかにも少ない。しかも4台分は店の前のわずかに空いた土地をすべて使って線が引かれており、ターンしたりバックしたりするスペースは全くない。駅前通りを走っているドライバーがこの店を見つけて入ろうとすれば、頭から突っ込むしかない。買い物の後に出やすいように初めからバックで入ろうとしても、往来が激しい道の真ん中で切り返しを行う余裕はないからだ。

頭から突っ込んで駐車すれば、買い物を終えた後が大変だ。今度こそ道にはみ出る形で切り返しを行い、自動車を目指す方向へ向けなければならない。赤信号の合間を縫うか、通りの自動車の往来が途絶えるのを待つか、いずれにしても後ろを気にしながら待つためストレスがかかるだろう。

店の「アプローチ」が悪いのだ。

ある程度経験のあるドライバーならば、最初からこの店に入ろうとはしないだろう。出るのに苦労することが目に見えており、コンビニならばしばらく運転すれば別の店が現れる。そちらへ行けば良い。

こうして駅前通りには十分な交通量——「ポイント規模」があるにも関わらず、元コンビニエンスストアはそれを活かせないまま、指をくわえるしかなかったわけだ。

だが、駐車場の問題よりも、より大きな問題がある。この土地が交差点から40m西にあるということだ。交差点から離れた位置にあることで、店から南側にある住宅地の需要をほとんどつかめずにいる。

これは単に駅前通りに交差するもう一方の道に面しておらず、その道の「ポイント規模」を逃しているというだけの話ではない。

L店の南側の背後は住宅地になっているが、その間には、駅前通りと並行に鉄道と川が走っている。駅前通りと南北に交差する道は、その鉄道と川を乗り越えて南側へ通じるこのあたりでは唯一の道路だ。つまり、鉄道と川で分断された南側へ通じる唯一の「動線」になっている。飲食店のK店は駅前通りと、鉄道と川を越えて南側の住宅地に通じる道とが作る交差点にある。つまり、南側へ通じる「動線」上にあるが、一方のL店はこの「動線」から外れてしまっている。

K店が、周辺の住宅地の住民ばかりでなく、鉄道と川を越えた南側の住宅地の住民も顧客にできる可能性があるのに対し、L店はその可能性が全くないことになる。

同じ通りを挟んだ向かい合った土地でも、これだけの差となって表れる。2店には他にも敷地面積の差や交差点から距離の差があったが、「動線」に乗れるか乗れないかの差は、決定的と言えるだろう。

○地下鉄に新しい出入口ができただけで……

第1章では、「動線」とは、2つ、ないし、それ以上の「顧客誘導施設」の間にできるものと説明した。「顧客誘導施設」があって初めて「動線」が生まれるわけで、「動線」と「顧客誘導施設」は切っても切れない関係だとわかる。

「動線」と「顧客誘導施設」とが密接な関係にあるのならば、要素を2つにせず、どちらか一方だけにしても良さそうに思える。

だが、わざわざ「動線」という概念を用いるのにはそれなりの理由がある。

何度か指摘してきたように「顧客誘導施設」は簡単には変化はしない。いったんできれば駅はもちろん、商業施設でも交差点でも10年、20年そこにあり続ける。

「顧客誘導施設」に変化があればすぐにわかりやすい。新たな「顧客誘導施設」ができれば一目瞭然であり、施設の改装も見た目にわかりやすい。

一方、「動線」はそもそもその存在がわかりにくい。そして変わりやすい。特に「顧客誘導施設」が3つ、4つと増える街中では、「顧客誘導施設」そのものの変化以上に、「動線」は複雑に動いていく。予想をつけることは難しく、実際に観察してみなければわからない。

「動線」の場合、変化しても気づかない恐ろしさがある。気づかないうちに「動線」が変化し、それによって店の売上が大きく影響を受ける例がある。また、気づいたとしても手を打てないことがある。

中部地方のある地下鉄の駅での出来事だ。かつてこの駅の構内は狭く、出口も2ヵ所のみだった（図㉑）。

駅の北側には野球場があり、プロ野球開催時には大勢の人が押し寄せ、駅の構内は身動きできないほどの混雑を引き起こしていた。それを解消するために行ったのがホームの拡幅や改札口の新設、そして出口の新設だった。

出口が増えたことで混雑は緩和されたが、割りを食ったのが、地下鉄の出口付近にあった飲食店だった。M店と名付けよう。

M店は、出口から野球場へ向かう道沿いにあり、野球観戦をはじめ球場でのイベントに訪れた人は必ずM店の前を通っていた。誰でも気軽に利用できる業種でもあり、繁盛していた。だが、改良工事によって、野球場により近いところに新しい出口ができてしまったため、M店の前を通る人は激減してしまったのである。

図㉑

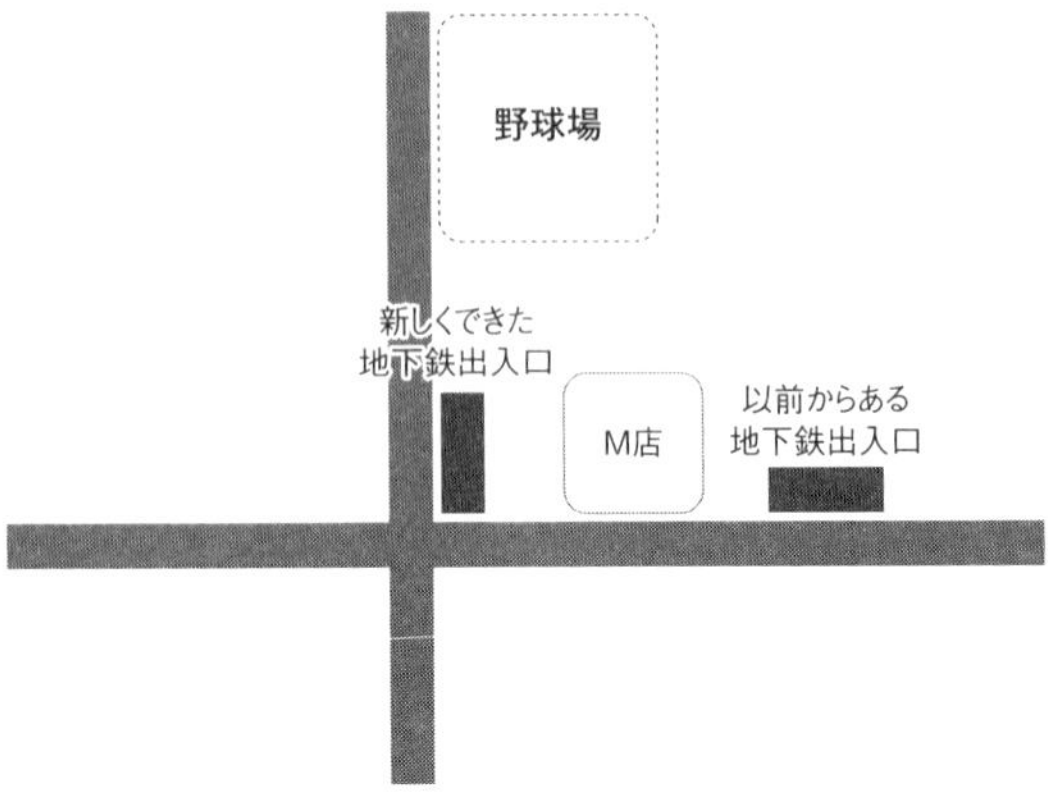

駅という「顧客誘導施設」の存在が変わったわけではない。M店も変わらずもとの位置にある。だが、駅の出入口が新設されたことで「動線」が大きく変わってしまったのだ。厳密に言えば、駅の出入口もまた「顧客誘導施設」であり、その位置が変化したことで、「動線」が大きく変わってしまったと言えばいいだろうか。いずれにしろ、M店の売上に大きな影響を与えたことに変わりはない。

駅に2つの出口があれば、その間は空白になりやすい。左右2つの出口があれば、右の出口から出た人はたいていそのまま右方向へ、左の出口から出た人は左方向へ向かう。

初めて駅を訪れ土地カンのない人ならばともかく、通い慣れた人ならば目的地へ最短の道で向かう。かくして2つの出口の〝間の〟土地は空白地帯となってしまう。店は駅の出口のどちらか側にあるのか。「動線」に乗れているのか、外れているのか、わずか10mほどの差が大きな分かれ目になってしまう。

序章で紹介したJR水道橋駅の西口の北側の通りがまさにこれにあたる。道は通り抜けることができ、その道沿いは駅に最も近いエリアだ。一見、便利な場所に思える。ここに店を持てばさぞかし繁盛するかと思えるのだが、現実はそうではない。

「動線」から外れたところであれば、厳密に店の真ん前で通行量調査をすれば「ポイント規模」が不足していることは明らかになるだろう。だが、10m先に十分な「ポイント規模」があればそれで安心してしまう。10m先には人が溢れるほど通るのに、自分の店の前を通らないわけはないと都合良く思い込むのだ。

自分自身が街を歩いている時のことを思い出せば明らかだろう。目的地がはっきりしているならば、そこへ近道を選ぶことはあっても、わざわざ遠回りするようなことはない。たとえそれがたった10mであってもだ。

「動線」は、人間の行動特性を把握していなければ理解できない要素である。「動線」でものを見る習慣をつければ、〝立地〟の良し悪しがより鮮明に見えてくるだろう。

○広域に伸びた「動線」では、75㎞離れても競合が

M店の例は、「動線」が数十mズレてしまったゆえの悲劇だったが、「動線」は、味方につければ頼もしい存在にもなる。「動線」の存在により、そこに店を出すチャンスを見つけたり、逆に競合店の脅威を予測したりすることが可能である。どんなに離れていても、2店が同じ「動線」上にあり、同じような商品を同じような価格で同じような方法で提供していれば競合は起きる。

かつて北海道で、ファストフード店の売上が下がったため調査を依頼されたことがある。調べていくと75㎞離れた別の街に同じチェーンの店ができたことが原因だとわかった。75㎞の距離を経て「自社競合」していたのだ。

北海道のスケールの大きさを知るのと同時に、2つの店は「動線」で結ばれているのだと改めて認識した。

ちなみに、北海道の高速道路で自動車を走らせていたところ、商業施設の看板があり、「この先80㎞」とあって驚いたことがある。地元に住む人にとって、80㎞はたいした距離ではないようだ。

地下鉄の駅の出口の新設で売上に大打撃を受けたM店は、新設された出口によって「動線」が変化して影響を受けた。

一方、第3章で売上を2・2倍にした中部地方のF店の場合、競合店は駅から自店までの「動線」上に割り込んできた。しかし、自動車での来店の可能性に気づき、駐車場を充実させたところ売上を回復させることができた。

この場合、競合のG店と共通する「動線」はそれほど売上に大きな影響を与えていなかったことがわかる。駅までの「動線」を絶対的なことと思い込まず、他の可能性を探ったことが、成功につながった。

「動線」は〝立地〟を評価する上で便利な概念だが、「動線」の存在を知った上で、それがどの程度〝効いてくる〟のかを冷静に判断する必要がある。

強力な「動線」なのか、そうではないのか。

もし、新しい「顧客誘導施設」ができたのであれば、どこに新しく「動線」ができるのかを注意深く観察する必要があるだろう。「顧客誘導施設」の存在は誰の目にも明らかだが、「動線」を意識している人はまだまだ少ない。そして自店に利益をもたらす強力な「動線」に気づいたならば、すぐに動き始めるべきだ。

海外出店で頼りがちな「通行量」は、数の多さではなく“なぜ多いのか”を把握することが大切

「動線」とは、店舗前を通行している人々の質を表現するデータである。店の前を通る人の数を見るのではなく、「何のために歩いている人が多いか」を客観的指標で数値化しようとするものだ。

海外に出店を考えている飲食・小売・サービス業の企業は、日本と同様に、海外でも出店する物件前の通行量は計測しているだろう。ただ、本質的に重要なのは「自店舗を利用していただけるお客様の通行が多いかどうか」という点である。特に、海外出店する場合は、「通行量が多いかどうか？」だけではなく、「なぜ通行量が多いか？」「何のために通行しているか？」という「動線」の観点で通行量を把握する必要がある。

候補地の前の通行量調査を行い、社内の出店基準を上回る結果を得ることはあるだろう。だが、それだけで判断して出店のゴーサインを出すと失敗する場合は多い。

通行者は、オフィス街は勤務者、商業エリアは購買目的の流入者、住宅地は居住者と大きく３パターンに分類できる。だが、はっきり３パターンに分かれているエリアは少なく、通常は複数の商圏が混在しているため、目的の異なる人々が通行することになる。

店の前を歩く人の数は十分であっても、店の顧客にならない人が数多く含まれているのだ。海外では、「動線」を少し外した立地条件に出店することで賃料を抑制し、その分広い客席数を持つことで集客力を高めている日本の飲食チェーン企業がある。

この企業の店舗前の通行量は少ないが、数十m離れた場所にはメインの通りがあり、多くの人が通行している。集客力が高いのは、メイン通りの通行量が多いからではなく、メインの通りを自社の顧客層が多く通行しているからである。つまり、「動線」を読むことに成功しているのだ。

海外では、統計データが入手しにくく、既存店も少ないため、得られる経験則は少ない。そこで出店の際は、通行量だけが重要な指標とされがちだが、それだけでは予測を見誤ってしまう。出店に成功している企業は、通行量の裏側にある「動線」（通行者の質）を正しく理解し、適切な立地に出店しているのである。

終 章

不振店・予算未達店“ゼロ”の予測はこうして実現する

売上を決める「売上要因」もう一度

○「立地要因」を構成する5つの要素

売上に関連する「売上要因」については、第1章で簡単に触れた。ここでは、これまで見てきた具体例を思い浮かべながら、改めてもう一度、「売上要因」を詳しく見ていくことにしよう。

○人を惹きつける「顧客誘導施設」を見逃すな

顧客を惹きつけ、引き寄せる「顧客誘導施設」は、それがそばにあるだけで店舗にとっては売上を大きく左右する重要な要素だ。

まず、代表的な「顧客誘導施設」が駅だ。駅は多種多様な人たちが利用し、どのような業種・業態の店であっても、強力な「顧客誘導施設」となる。駅に近ければ近いほど、高い売上を上

図⑪（再掲）　売上の多くを説明する売上要因

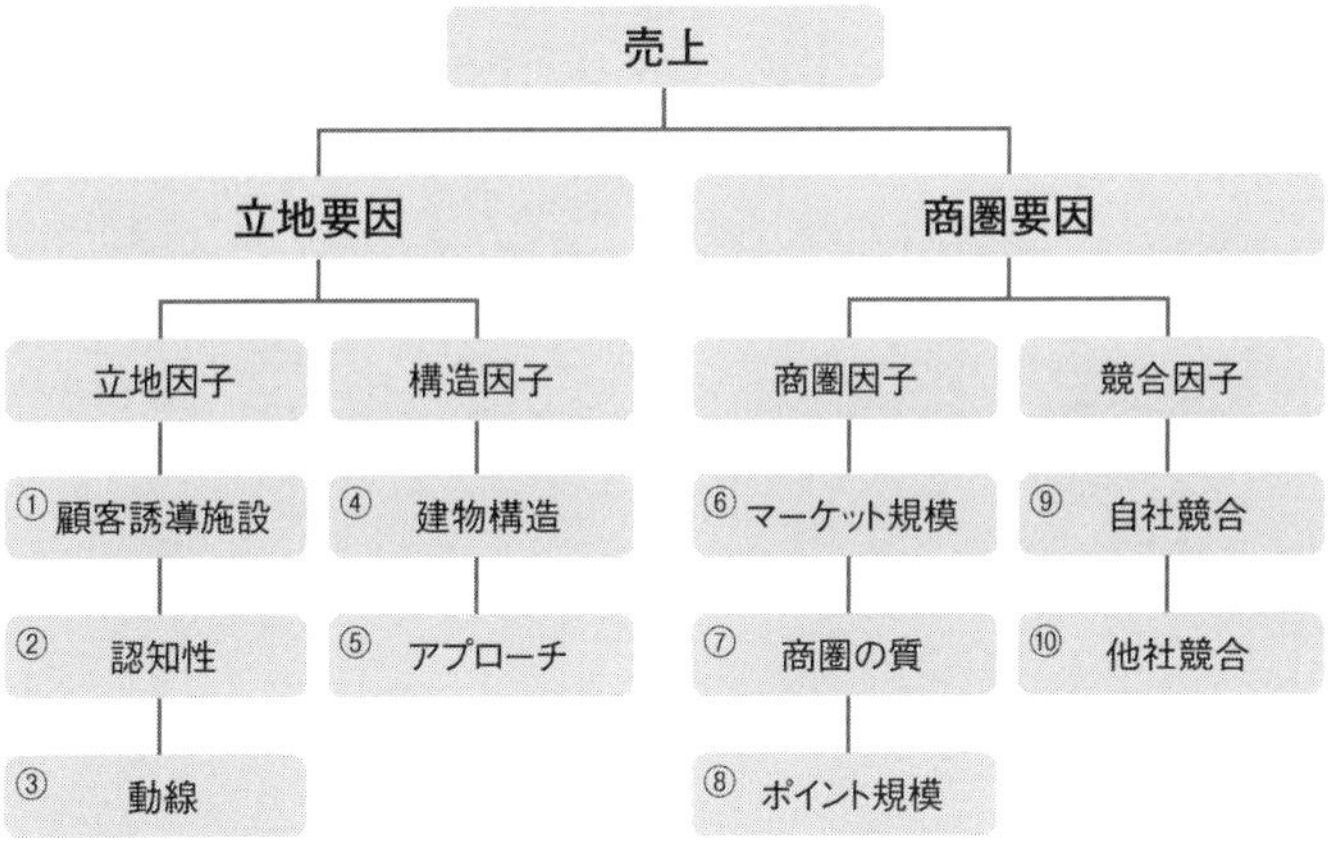

げられるという法則も成り立つ。

日本で最も乗降数が多い新宿駅はＪＲだけで約１５０万人、周辺の私鉄各線も含めると１日約３５０万人にもなる。日本一だけでなく、世界一の乗降客数だが、新宿駅という強力な「顧客誘導施設」の存在により、新宿という街そのものが出店を目指す人間にとっては非常に価値の高い街になっている。

大規模商業施設も「顧客誘導施設」だ。人が絶えず出入りしている大型商業施設の中や近くに店を持てば、自然に人が集まってくる。水道橋で言えば、ラクーアはもちろん、東京ドーム、ウインズ後楽園も「顧客誘導施設」だろう。また、これらの施設をすべて網羅した、東京ドームシティそのものがひとつの「顧客誘導施設」

であると言っても良い。

郊外では大型の交差点、幹線道路、高速道路のインターチェンジやジャンクションなども「顧客誘導施設」になる。

駅や商業施設と、交差点、インターチェンジを同列に扱うことは奇異に感じられるかもしれないが、交差点が近くにある店ならそれだけで目立ち、人が立ち寄る可能性が高くなることを考えれば合点がゆくはずだ。特に、自分が自動車で郊外へ出かけた時を考えれば、高速道路のインターチェンジやジャンクションはまさに自動車にとっての駅であり、大型の交差点も自動車が否応なく通らなければならない場所とわかる。そして、確かにその近くには駐車場を備えた多くの店が存在している。

逆に、ごく小さな範囲での「顧客誘導施設」もあり得る。

たとえば、商業施設の中に店を持つことを考えれば、その施設内のメインの出入口や駐車場からの出入口、エスカレーター、エレベーターなどは「顧客誘導施設」とわかる。そこには必ず人が集まるからだ。その近くに店を構えれば、それだけで自然に人が通りがかり、立ち寄ってくれる確率は高くなる。逆に出入口やエスカレーター出口から遠いところでは、店を見つけてもらうことさえ難しくなるだろう。

出店を検討する際には、このように人が多く集まる起点を押さえる必要があるが、ただ人の数が多ければ良いわけではない。自店の客層に合っているかどうかが重要になることはすでに述べた通りである。

水道橋の東京ドームシティの入口で最初に見つけたのは意外にもファミレスだった。東京ドームシティは、異なる目的を持った人たちをすべて飲み込んでいく巨大な「顧客誘導施設」だ。一部の人しか入りそうもない高級レストランやしゃれた造りのバーではなく、老若男女、子どもからお年寄りまで誰でも利用できるファミレスだからこそ、この場所にふさわしいのである。

○何より店を知ってもらう、覚えてもらう――「認知性」「視界性」「周知性」

店の場所、あるいは店の存在そのものが知られていなければ、そもそも人は店に来ない。「どこに何の店があるか」ということが知られているか――「認知性」は、店の売上に直結する重要な要素だ。「認知性」には「視界性」と「周知性」の2つがある。

大通りに面したところに店をオープンさせても、店が歩道に面しているのならばともかく、ビルの2階や地下ならば、通りがかる人には見えないも同然だ。

図㉒　視界性の評価基準

〈評価サンプル:視界性評価〉　〈都市型実査基準書〉

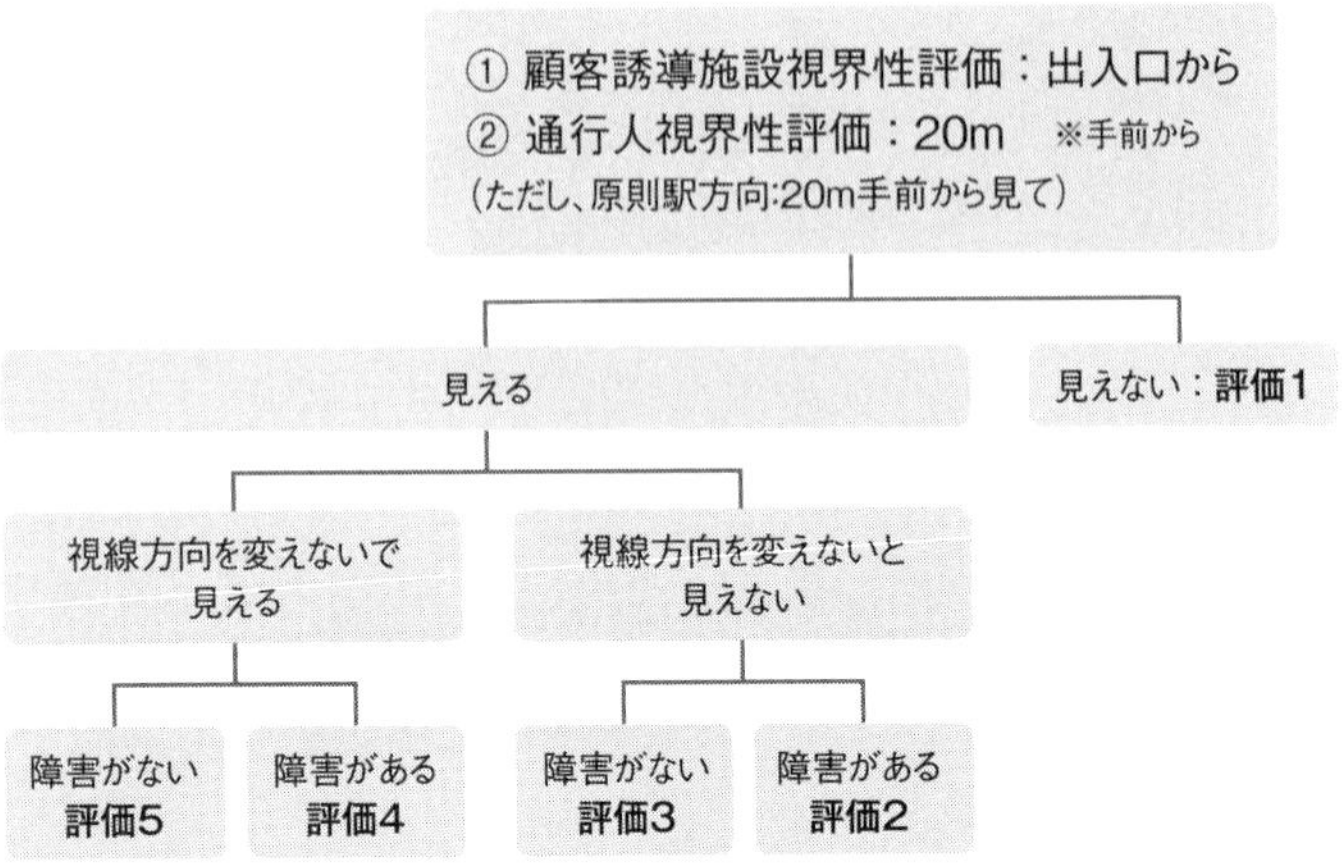

※1「視線方向を変える」とは進行方向から左右35度以上の変化を指す。
※2「障害」とは他店の看板、色調の同化、街路樹等を指す。
注）通行人視界性評価の場合、原則駅方向の店舗手前「20m」地点から評価する。

そのため、誰が見ても店の存在がわかるように表看板をつけ、ウインドウに商品を飾り、入口にもタペストリー（垂れ幕）をつけている店は多い。飲食店ならば入口の表には必ずメニューの見える立て看板を用意しているはずだ。これらは「視界性」を向上させるための工夫の数々だ。

「視界性」は、

①「起点」（どこから見えているか）
②「対象」（何が見えているか）
③「距離」（どれくらいの距離から見えているか）
④「主体」（どんな状態で見えてい

るか）

の４つのポイントで評価する。

看板類がどの方角のどの程度の距離から、どのような状態で見えているのかで、来客数は左右され、売上に大きな影響を与える。街中ならば、歩行者の目に自然に看板が入るように、「20m以上手前から見えるか」「何の店なのかが一目でわかり、看板が歩行者に向けられているか」「店舗や看板が歩行者の視野の35度以内にあるか」ということが評価の基準だ。

わざわざ首を曲げなければ視野に入らないのではなく、35度という視線を少しだけ動かせば見える範囲にあって、初めて看板は意味をなす。

また、近くに駅などの「顧客誘導施設」があれば、それと関連させて、「駅の改札口や大規模小売店のメインの出入口などから店舗が見えるか」という観点で評価すれば良い。

「視界性」は、街並みによっても大きな影響を受ける。セットバックは街全体で行えばきれいで安全に見え、人を惹きつけるだろうが、単独で行えば、店は道の奥に引っ込みかえって見つけにくくなる。建物が立て込んでいる都心ならば、店舗の間口が狭い場合も「視界性」は大きく損なわれる。歩道に立て看板を出すなど補強は不可欠である。

「周知性」とは、店のブランドをどれだけ人が知っているかということだ。

マクドナルドの赤地に黄色い文字の看板は、日本では97・9％の人が知っているという調査結果がある。日本人ならば看板をチラリと視界の片隅に入れただけで、「あ、マクドナルドがあるのだな」とわかり、それだけで店に入ろうという気にさせる。

その地域で、店（あるいはブランド）を知っている人が多ければ来店の確率は高くなる。地域にチラシをまいたり、街の案内図に加えてもらったりなど、店そのものを知らせる活動は、「視界性」「周知性」ともに向上を図るためだ。

○人が動く時にできる道を見逃さない――「動線」

駅が強力な「顧客誘導施設」であることはすでに述べたが、朝、人は通勤や通学のために最寄りの駅へ向かい、電車などで別の駅までたどり着き、さらにそこから目的地を目指す。目的地であるオフィスや学校のあるエリアはもうひとつの「顧客誘導施設」だ。

このように「顧客誘導施設」と別の「顧客誘導施設」をつなぐ道を「動線」と呼ぶ。

「顧客誘導施設」と同様に、「動線」上にも人が集中する。人の流れができている道を見つければ、必ず人の流れの起点となる「顧客誘導施設」と、終点となっている「顧客誘導施設」が見つかるはずだ。

「顧客誘導施設」は見た目もそれとはっきりとわかるのに比べ、「動線」は意識して見ていなければわかりにくく、また、変化しやすい。

「動線」にはいくつかの種類がある。

●主動線（単独動線）

２つの顧客誘導施設同士を結ぶシンプルな「動線」が「主動線」だ。「単独動線」とも呼ばれる。

顧客誘導施設同士を結ぶ最もオーソドックスな動線であり、「顧客誘導施設」の種類や特性によって、通行者の量や質――性別や年齢、職業などが直に影響を受けやすい。「顧客誘導施設」が駅ならば、そこを利用する人は住民や付近で働く人が大部分を占める。当然、「動線」を通る人たちも街に住む大部分の人たちだ。だが、「顧客誘導施設」が非常に特殊な人だけを呼び寄せるものであれば、動線も当然、限られた層の人たちだけが通ることになる。

●複数動線（回遊動線）

「顧客誘導施設」がいくつもあり、複数の「動線」が混在している状態が「複数動線」だ。

たとえば、大型店が並ぶ郊外の幹線道路や、高層ビルが集中する都心のオフィス街などでは、道行く人の目的は「顧客誘導施設」の数だけ増えて、その量や質を見分けることは難しくなる。

複数の「顧客誘導施設」が一直線上にあるわけでなく、面として広がっている場合、通行する人はそれらを回遊することがある。その時にできるのが「回遊動線」だ。

百貨店、ショッピングセンター、専門店が集中する東京の銀座4丁目交差点付近や、大型家電店、百貨店などが立ち並ぶ新宿駅東口周辺などが代表例だろう。人々はあちこちの施設をめぐるため、そこに「回遊動線」ができあがる。

●副動線（裏動線）

「副動線」とは、「主動線」と同じ「顧客誘導施設」を起点としつつも、「主動線」とは別にできる人通りのことだ。「裏動線」とも呼ばれる。

メイン通りではないが、店がいくつか集中することで街並みが作られ、「主動線」に劣らない人の流れができることがある。

図㉓　評価サンプル：動線上評価

〈都市型実査基準書〉

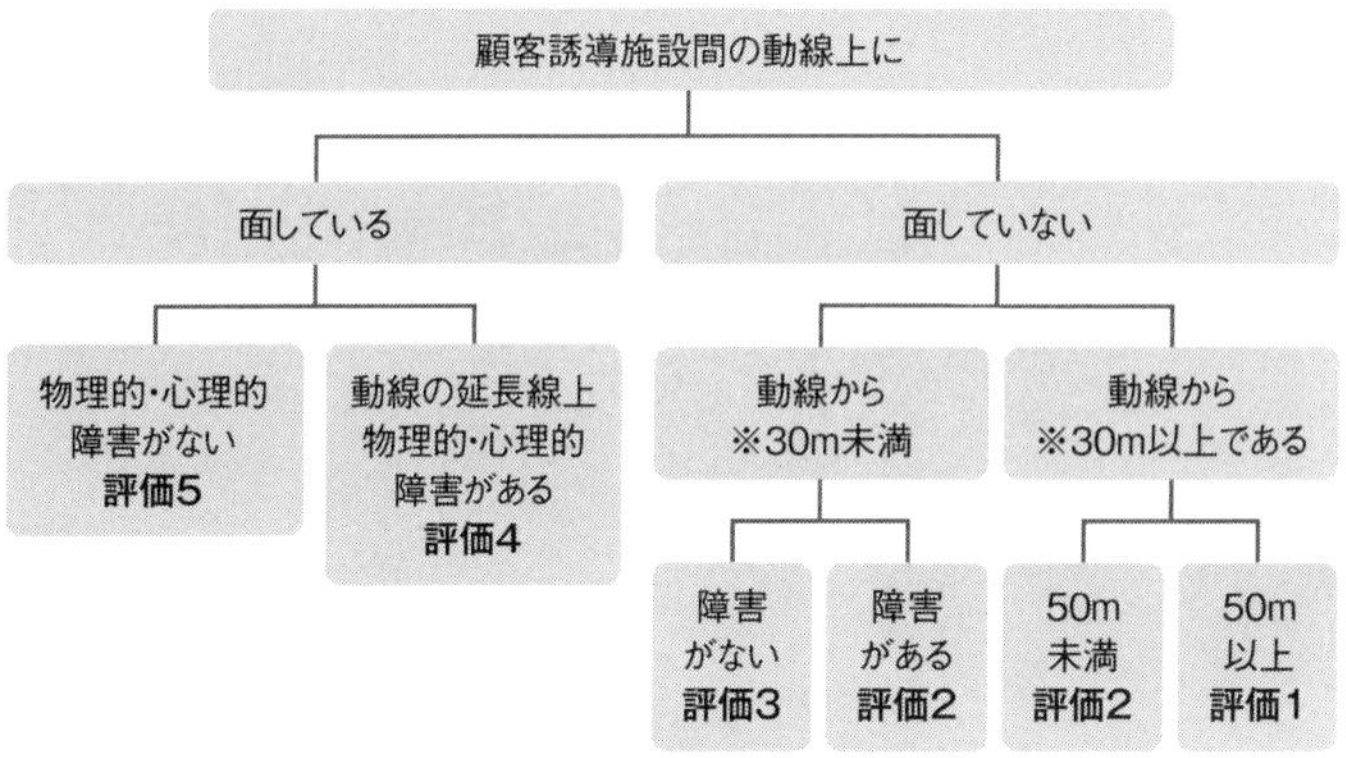

◆物理的障害:段差・階段・柱などの障害物
◆心理的障害:店舗間の明るさ・清掃状況・セットバック…
※「30m」などの起点は各社で決める「基準値である」

東京渋谷区の「キャットストリート」（旧渋谷川遊歩道）が良い例だ。表参道と交差するキャットストリートの北側のエリアは「裏参道」と呼ばれ、表通りに引けを取らない人の流れを作り出している。

●接近動線

主動線に接近した動線のこと。業種や競合状況にもよるが、徒歩の場合、主動線との距離は50ｍ以内になる。

東京の銀座は、百貨店や複合ビル、オフィスが点在する日本有数の商業エリアだ。世界中から買い物にやってくる人で賑わう。だが、ＪＲ有楽町駅から銀座４丁目交差点付近に位置する銀座三越店や銀座松屋店に向かう晴海通りを注意深く観察すると、歩行者の数や賑わいに大きな差があることがわかる。

JR有楽町駅からイトシアを抜けて銀座4丁目交差点に向かう通りは、飲食店やアパレルショップ、宝飾店などが点在して歩行者も多く、とても賑わっている。だが、中央通り（銀座通り）を過ぎて昭和通りに向かう通りには、人通りの少ない場所がある。

どちらにも「顧客誘導施設」は存在するが、その数や種類、組み合わせによって「動線」に違いが表れているのだ。複数の「顧客誘導施設」がある場合、どこに「動線」ができているのかを注意深く観察する必要がある。

◯広い売り場や座席数で客数は大きく変わる——「建物構造」

店舗面積や駐車場台数、座席数、出入口の数や位置などは、店の売上に大きく影響する要素だ。これを「建物構造」と呼ぶ。建物自体ばかりでなく、店の周りの地形も売上に大きく影響するため「建物構造」の一部と考える。

一般に、店の規模が大きくなればなるほど売上も上がっていく。「建物構造」の中でも店舗面積は誰の目から見てもわかりやすいが、店舗面積と売上との関係は業種によって違いがある。

総合スーパーは、店舗面積が大きければ大きいほど売上が増加する傾向が比較的はっきりと出やすい。それに比べ、飲食店や小売店などの小規模店舗では、業態の違いによらず小さなうちは店舗面積を大きくすれば売上も増加するものの、ある面積に達したところで売上は横ばいになってしまう。

飲食店で売上に大きく影響するのが座席数だ。座席数が多くなればなるほど売上は上がる。ただし、1人席、2人席を増やすのか、4人席、6人席といった家族での来店を促すのか、まず店がターゲットとする客層をはっきりさせる必要がある。

郊外店ならば駐車場があることは必須条件だ。駐車台数を増やせば増やすほど多くの来店客を受け入れることができ、実際に売上も上がっていく。また、駐車場の出入口の数も多いほど来店を促す働きをする。

店の入口がメイン道路に面していれば来店客数や売上は上がる。また、特に都市部では広い間口が売上に直結する。店が角地にあって2つの面の間口が広く、かつ、それぞれに出入口があれば理想的だろう。

店舗ではしばしば増改築が試みられるが、中途半端に行っても「建物構造」を大きく変えることはできない。何がどう効いているのか。それを知った上でポイントを絞り込んで改築すべきだろう。場合によってはより広いところに移転したり、建物そのものをスクラップ&ビルドするなど思い切った大型化が必要になる。

◯入りやすさにも科学的考察を――「アプローチ」

店舗や店舗敷地へ入りやすいのか、入りにくいのかを表すのが「アプローチ」だ。「アプローチ」には、実際に建物に段差があるなど障害物があるような「物理的な要因」と、歩道幅が狭くて店の前まで行く気持ちにさせないなどの「心理的な要因」の2つがある。

たとえば、店舗前の歩道幅が広ければ広いほど「アプローチ」は良好だ。狭い歩道では我先にという心理が働き、歩く速度が速くなって店を素通りされてしまう可能性が高くなる。店舗前の歩道幅は、少なくとも2～3m以上は確保したい。

駐車場では台数が十分にあり、かつ、車をバックしたりターンしたりできるスペースがあることが「アプローチ」を向上させる。

「物理的」な「アプローチ」を良好にしても、「心理的」な面を怠ると入りにくくなってしまう。

店の前の歩道に、自転車がたくさんあれば、それだけで入りやすさは損なわれる。特に違法駐輪する自転車がたくさんあれば、街並みが乱雑になり、近づきたくなくなる心理を働かせてしまう。

駐車場の中が広くとも、入口が狭ければやはり近づきにくい。運転に慣れていない人ならばなおさらだ。現実に危ないわけでなくとも、心理的な抵抗感が生まれてしまう。

通りに面したビルに出店したとしても、1階ならば抵抗なく入れても、2階にあると、階段を上がる時の手間や労力が嫌われる。地下も同様だ。3階以上はエレベーターを使えば良いかもしれないが、地上から店が直接、見えないことへの抵抗感は残る。1階以外にある店は、階段を昇り降りするという「物理的な要因」の「アプローチ」が悪いだけでなく、「心理的な要因」の「アプローチ」も悪いと考えるべきだ。

歩道のセットバックが不利になることは「認知性」「視界性」のところでも触れたが、「アプローチ」としても同様である。1店だけ道の奥に引っ込んでいれば何となく入りにくい。店舗敷地の間口が狭い場合も同様に、「視界性」も「アプローチ」もともにマイナスに働く。

店の出入口が複数あれば「アプローチ」は良くなる。特に、店が角地にあって2つの面に出入口があれば「アプローチ」の良好な「建物構造」ということが言えるだろう。ひとつの道路

図㉔　アプローチの評価基準

■店前歩道幅

評価5	評価3	評価1
4.0m以上	2.0m以上～3.0m未満	1.5m未満

■セットバック・段差

評価5	評価3	評価1
影響がない	影響がある	影響が大きい

■角地評価

評価5	評価3	評価1
交差点角地	T字路の角地	角地でない

に面しているだけの店に比べて売上は確実に増える。

最近は減少傾向にあるが、消費者金融や風俗店などの看板が乱立する雑居ビルの上層階にある飲食店は、入りやすいとは言えない。地下も同様だ。吹き抜けのようになっていて店内の様子が見える店舗ならまだしも、階段が狭く、その先が曲がっていて地上から店の入口が見えなければ、そもそも降りていく気を失ってしまう。

郊外店では、駐車場に車で入りやすいか、入りにくいかで「アプローチ」は大きく変わる。

まず、駐車場を見つけられるかどうか。カーブで見通しが悪く、気づいた時には駐車場入口を通り過ぎてしまう店は、売上も損なうことになる。少なくとも100m以上手前から看板で店舗の存在を知らせ、30m手前からは駐車場入口がはっきりとわかる工夫が必要だろう。

駐車場を見つけられても、入口が狭かったり、天井が低かったり、回遊性がいかにも悪そうに見えれば、使いにくいという印象が残る。「視界性」とともに「アプローチ」も損なっているわけだ。一度でも嫌な思いをすれば、消費者は二度と来店はしてくれない。

図㉔は、店舗前の歩道幅、セットバック・段差、角地について、それぞれ3段階で「アプローチ」を評価した例だ。

○まずはエリア内の人口の調査を——「マーケット規模」

店舗周辺に多くの住民が住んでいたり、オフィス街ならば働いている人が大勢いたりすれば、それだけで売上は上がる。

店（の予定地）から半径何km内にどれだけの人が住んでいるのか、働いているのか、人口のデータが「マーケット規模」だ。資料等でも調べることができるため、出店計画を持つ企業が必ず採り上げる要素である。

店には、原則として商圏人口量を上回る数の顧客が来店することはない。そこでまず、新し

図㉕　評価サンプル：マーケット規模評価

■ 年間小売販売額　＊すべての業界に必要な顕在的データ

評価5	評価4	評価3	評価2	評価1
2,000億円以上	1,000億円～2,000億円	300億円～1,000億円	100億円～300億円	100億円未満

■ 昼間人口　＊昼夜間人口差の低い店舗は「夜間人口を入れる」

評価5	評価4	評価3	評価2	評価1
10万人以上	6万人～10万人	2万人～6万人	1万人～2万人	1万人未満

■ 駅乗降者数　＊駅乗降者数はその街の大きさも表す

評価5	評価4	評価3	評価2	評価1
100万人以上	25万人～100万人	7万人～25万人	5万人～7万人	5万人未満

今回は、都市型飲食店をベースに考えているので「年間小売販売額」を用い、補完的指標として「駅乗降者数」「昼間人口総数」を用いた。

い都道府県やエリアに出店すべきかどうか。立地戦略を立てる時、地域をふるい分けるための指標に使うことができる。

既存店についても「マーケット規模」からわかることは多い。十分な「マーケット規模」があるエリアにもかかわらず、売上が伸び悩んでいる既存店があれば、本格的なテコ入れが必要だろう。また、逆にそもそも商圏内の人口――「マーケット規模」が不十分なのであればやれることとは限られる。撤退も考慮に入れなければならないだろう。

コンビニ業界のトップのセブン-イレブンは2014年まで47都道府県のうち3県には出店していなかったが、

2015年に青森県と鳥取県に出店し始め、残りは沖縄県だけとなった。人口の多い都道府県順に出店してきたためだ。他の業態もそうだが、コンビニの売上は特に「マーケット規模」に大きく依存しており、それを自覚して計画的に出店戦略を立てていることが良くわかる。

図㉕は、「マーケット規模」を、年間販売額、昼間人口、駅乗降者数の観点でそれぞれ5段階で分類した例である。

消費者サイドからの「マーケット規模」としては、次のように分類、評価する例もある。

《レベル1》
生活道路沿いに商店がまばらに立ち並び、商店の裏手は住宅街になる。

《レベル2》
商店が集まった商店街があり、ひと通りの最寄り品（食料品や日用品など）や一部の買い回り品（家電製品や衣料品など）を購入できる。

《レベル3》
中規模程度の大型小売店があり、人通りも多い。最寄り品や一部の買い回り品を購入できる。

《レベル4》

複数の大型小売店が存在し、商店もある。ほとんどの買い回り品を購入できる。

《レベル5》

多くの大型小売店などが集積し、最寄り品や買い回り品はもちろん、専門品（高級ブランド品など）も購入できる。

○人口の中でターゲットとなる顧客を探せ――「商圏の質」

いくら「マーケット規模」があっても、高齢者が多い古い団地のそばに、若者向けの雑貨店を開いても売上は期待できない。若い女性向けのブティックを開くならば、そのエリアの人口のうち、該当する年齢の女性がどれくらいいるのかを調べる必要があるだろう。

性別や年齢、職業や家族の人数、収入など、ターゲットとなる人の種類や行動のパターンを「商圏の質」と呼ぶ。

高層のオフィスビルが立ち並ぶオフィス街、工場や倉庫が並ぶ工業団地、あるいは住宅地のように、見た目で「商圏の質」の見当がつく場合もあるが、多くの場合は多様な層の人たちが入り混じっていることが多い。

図㉖　評価サンプル：商圏の質評価

〈都市型実査基準書〉
対象物件の周辺「50m」の来店可能な範囲内において通行人の態様を観察し、以下の観点で評価する。

■休平通行量比率（平日／休日）

評価5	評価3	評価1
150%以上	90%〜120%以上	60%以下

■女性比率【通行人の偏り】

評価5	評価3	評価1
70%以上	50%以上	30%以下

■通行人の来街目的

評価5	評価3	評価1
無目的の人が多い・目的が特定できない	購買目的と通勤目的の人が半々位	交通機関利用目的で歩いている

そこで店舗の周辺を歩く人たちの特性や特徴を調べることになる。平日、休日の通行量、夜間人口、昼間人口、年齢別人口、小売販売額、男女比率、年齢人口比率などだ。実測値と合わせて最寄りの市区町村役所で資料を収集する。

それら定量的なデータとともに、定性的なデータにも配慮する必要がある。通行人の服装や持ち物、歩く速度なども合わせて観察、記録すれば、「商圏の質」が浮かび上がる。調査と評価の一例が図㉖だ。「通行人の来街目的」は、そのエリアに来る目的が明確であればあるほどそれ以外の行動は起きにくくなり、明確でないほど一般に購買行動に結びつきやすいところから行ったものだ。

調査対象とする地域がどのような「商圏の質」を備えているのか。地域の人たちの行動パターンは、主に次の5タイプがある。これらがいくつかミックスされていると考えれば、「商圏の質」を把握しやすくなる。

《オフィス性／完全目的性》

たいていの人が仕事のためにいる。来ている。

《商業性／無目的性》

店舗の周辺で遊興や散策、レクリエーション、ウインドウショッピング、ドライブなど、特にこれといった目的を持たない行動がなされている。

《生活性／限定目的性》

昼間歩いている人たちのほとんどが主婦で、朝から夕方まで通行量の変化が見られない。

《観光性／準無目的性》

観光目的で流入した人たちがいる。または、観光ガイドブックなどに掲載された場所が数多くある。

《その他／混合性》

学校などが多く見られ、実際に学生や予備校生などが回遊している、いわゆる学生街。

その地域に来ている目的が明確であればあるほど、目的以外の消費行動は起きにくくなる。たとえば、オフィス性の高い地域では、人は仕事によって時間も行動も消費行動も大きな制約を受ける。土日や祭日は休むため、ここに店を出しても売上は望めない。平日の日中にどれほど「マーケット規模」あるいは「ポイント規模」があっても、出店は慎重に検討する必要があるだろう。

ただし、最近はブランド力のあるコーヒーチェーンや個性的な居酒屋チェーンなどで成功している企業がある。

学生街も同様だ。土日祝日に加え春夏冬の長い休みがあり、店にとっては売上を上げることは期待できない。第2章で触れた通りだ。

○店の前を歩いている人は？ 走る車は？――「ポイント規模」

商圏よりもぐっと狭い範囲、店の前をどれほどの人が歩いているか、あるいは通りをどれほどの自動車が往来しているか。それが「ポイント規模」だ。人の数、都市では自転車やバイクも含めて通行量、自動車の数は交通量と呼んで区別している。都心の店ならば通行量が、郊外の幹線道路沿いの店ならば交通量が店の売上に深く関わってくる。

「ポイント規模」や前述の「マーケット規模」（「商圏」）は、通行量や交通量なども人の数や自動車の数なので測定しやすく、誰にとってもわかりやすい。そのため、新規出店のための調査ではよく用いられ、「通行量×入店率×客単価×営業日数＝見込売上」という数式で売上を予測しているところもある。

だが、この2つの要素に頼り切るのは禁物だ。

まず、「ポイント規模」である通行量や交通量は、曜日や時間帯、天候によって大きく変わる。現実に３６５日24時間、定点計測を行うことは不可能と言ってもいいだろう。

そのため、実際の調査では、平日と休日の両日、メインとなる営業時間を効率良く選び、まんべんなく測定するように計画する必要がある。

また、「ポイント規模」にも「商圏の質」がある。歩いている人、あるいは、自動車で走っている人たちが店の顧客となり得るのか？　数だけではなく、その中身を知らなければ、店の売上を予測することは難しい。

精緻なデータを得るために、年代別・職業別に通行量を測定しているケースもあるが、これも見た目だけで年代や職業を数値化することには無理があり、通る人の層まで正確に把握することは難しい。資料として入手できる「商圏の質」などのデータと突き合わせながら、実際に来店する人の数を予測することになる。

当社でも「ポイント規模」は調査するが、正確にはつかみ切れないという前提で、数についてはおおよそのボリューム感をつかむ程度にとどめ、服装や年齢、持ち物、歩行速度などを併せて見ることで通行者がこのエリアに来た目的を推測するようにしている。しかし、それもまた正確に行うことは難しい。

「ポイント規模」が重要になる業種・業態は確かに存在する。だが、「ポイント規模」以外の「売上要素」が売上に大きく効いてくる場合も多い。「ポイント規模」はあくまで数ある「売上要因」の中のひとつとして見る必要がある。

◯最も強力だが忘れがちな「自社競合」

商圏内に同じような店があれば、そちらに顧客を奪われて売上は減少する。扱う商品が同じで、商品ばかりでなく価格や提供方法が似ていたら、さらに顧客の奪い合いは激しくなる。どれほど自店と似ているか。大きくは「商品」「価格」「提供方法」に分けて見ることができる。同じ商品を扱っているか、同じ価格帯で提供しているか、そして同じ方法で販売しているか。これらを冷静に考えた時、自社の店舗にとって最もインパクトのある競合相手とは、同じチェーンの他の店舗に他ならないことがわかるだろう。

他社の店ならば、扱う商品、価格、提供方法が全く同じということはなく何かしら違うが、自社の同一チェーンの店ならば扱う商品、価格、提供方法ともすべてが同じだからだ。顧客にとっては区別がつかない。

「競合」は店の売上に大きな影響を及ぼす要素で、他社の競合店を意識しない企業はないはずだが、自社の他の店を意識している企業は意外に少ない。

チェーン企業でしばしば行われるのがドミナント戦略だ。ある一定の地域をまんべんなく自店で埋めて他のチェーン店を締め出してしまい、地域のシェアを一気に取ろうという戦略だ。

地域に隙間なく出店するため、各店舗にとっては必ず自店の商圏の一部で「自社競合」が起こってしまう。

あくまでチェーン全体のシェアを高めることが目的だが、各店の売上は落ちる場合もある。各店が直営店であればチェーン全体の売上が上がって成功という評価になるが、各店が独立したフランチャイズ店であれば問題を引き起こす。現実にコンビニエンスストアではよく問題になる。

チェーン展開する以上、「自社競合」は避けられない問題であり、常に意識していなければならない要素と言えるだろう。

◯意外な「他社競合」を見落とすな

「他社競合」は、ほとんどの企業が強く意識している、売上に直結する要素だ。しかし、現実には、同じ店で同じ商品を同じように扱う「自社競合」とは違い、自店とは何かしらの違いが必ずある。競合にも程度——強弱があるわけだ。

どの程度の競合なのか、「自社競合」でも触れたように、大きくは「商品」(同じようなものを売っているか）、「価格」（同じような価格帯か）、「提供方法」（同じように販売しているか）の３点で、競合の強弱を評価・判断できる。

そしてこれら「商品」「価格」「提供方法」の３つの面に分けて周りを観察すれば、競合と思っていなかった店が、実は競合だったということがわかってくる。特に、最近は業種や業態の垣根が低くなり、境があいまいになりつつある。

かつては、ハンバーガーチェーンはハンバーガーチェーン（または類似飲食店）、ドラッグストアはドラッグストア（または類似小売店）と、競合環境はわかりやすかった。ところが最近は、ドーナツ店とコンビニや、カフェとハンバーガーチェーンなど、競合の範囲が広がっている。

スーパーマーケットは他のスーパーマーケットをマークしがちだが、ドラッグストアが加工食品や菓子類を扱っていて、そちらに顧客を取られていたということは良く聞く話だ。競合といえば同業者の店ばかり気になるが、今は業界の垣根を安々と超えて、目の前に立ちはだかっている例は多い。

カフェと名乗っているが、料理のメニューが豊富な、あるチェーンの競合は、ファミレスだと言われている。実際、カフェといいながら休日には家族連れで賑わい、平日には主婦が会合を開いたりしている。

同様に、同じようなカフェチェーンに見えるが、現実には競合していない例もある。あるカフェチェーンでは全席を禁煙にしているが、別のチェーンは喫煙可の部屋を設けている。禁煙か喫煙かで競合することなく棲み分けている。

また、同じカフェチェーンであっても、コーヒーなどをカップに入れて持ち帰るテイクアウトが主体なのか、店内で飲むイートインタイプなのかでは全く違う業態と言っても良い。テイクアウト主体のカフェチェーンにとっての最大の競合はコンビニだろう。現在、コンビニエンスストアでは100円ほどの低価格で飲めるコーヒーを提供しており、テイクアウトのコーヒーに限っては完全に競合している。コンビニではフライドチキンやドーナツなども扱っており、他の業態であってもコンビニに顧客を奪われている店は多いはずだ。

かつて総合スーパーは、特定のカテゴリーの商品だけを売るカテゴリーキラーの出現で影響を受けた。今はコンビニエンスストアがあらゆる専門店の美味しい部分を扱い始め、自店のシステムの中に組み込みつつある。ファストフード、コーヒー、ドーナツなど、各コンビニチェーンは新しいチャレンジをスピーディに展開する機動力があり、小売業界だけでなく、飲食業界にとっても脅威となっている。どの業界にとってもコンビニエンスストアは潜在的な「他社競合」と注意する必要があるだろう。

さらに現在はネット通販の躍進が著しい。店舗とは同じ商品を扱っていても提供方法が違うため棲み分けが可能になっているところもあるが、ネットで扱う商品の幅は増える一方で、値段も思い切った低価格で提供しているところは多い。店で買っていた人が簡単に乗り換えてしまうことは常に想定すべきだろう。ネット通販もまた強力な潜在的「他社競合」と言える。

既存の業態にとらわれず、あらゆる可能性を考慮しながら、「他社競合」を考えなければいけない時代になっていると言えるだろう。

自社独自の要素を見つけて「売上要因分析」を磨く

○チェーンによって全く違う〝効く〟要素

売上をyとし、「顧客誘導施設」や「マーケット規模」などの〝立地〟の各要素のひとつひとつをx_1、x_2、x_3……とすれば、売上yは、

$$a_1 \times x_1 + a_2 \times x_2 + a_3 \times x_3 + \cdots\cdots + b$$

と表せることについては第1章で触れた。売上は、立地の各要素の関数となっている。各要素によって売上を表すことができる。だが、あるチェーンにとっては商圏の人口、つまり「マーケット規模」が売上に大きく影響し、また別のチェーンにとっては店の出入口や駐車場の問題――「建物構造」や「アプローチ」が売上を大きく左右する。

つまり、店やチェーンによって、各「売上要因」のウエイトであるa_1、a_2、a_3……は変わるのである。

また、各要素のうち売上に何がどの程度、効いているかは、業態によって変わる。同じ業態でもチェーンによって違う。同じチェーンの店であっても、店が駅前のビルにあるのか（ビルイン）、郊外の幹線道路沿いの路面店なのかによっても変わる。また、テイクアウトなのかイートインなのか、あるいはデリバリーなのか、その形態で異なる。

つまり、新規出店する店の売上を予測しようとするのであれば、そのチェーンの店がビルインなのか路面店なのか、そしてテイクアウトなのか、イートインなのか、デリバリー型なのか、あらかじめ分類し、それぞれの分類でふさわしい計算式を求める必要がある。

的確に分類した上で求めた計算式に計測した各要素x_1、x_2、x_3……を入力すれば、売上yの精度は高まる。

分類方法は各企業独自のものだ。実際に店が稼働し始めて現実の売上が出れば、それと予測を突き合わせれば、どの程度の誤差があるかがわかる。誤差が大きいのであれば、分析の過程をさかのぼって理由を探り、計算式を修正する。これを繰り返すことで予測はより正確になっていく。

◯データが集まれば集まるほど正確になる「売上要因分析」

「売上要因」をいかに現実の売上の予測に用いるか。「売上要因分析」の具体例を見ていこう。

実際の計算では、初めに数百程度の「売上要因」を仮説立て、それを最少単位まで絞り込んで計測するのが一般的だ。要素を的確に選んで、ひとつひとつのウエイトを正確に出すことが、

「売上要因分析」を行うチェーン独自のノウハウとなる。

複雑な統計の計算は通常はコンピュータが行い、ブラックボックスとして割り切れば良いが、ここではその原理をごく簡単に触れておきたい。

状況を単純化するため要素は4つのみとした。店の席数、駐車場台数、店の周囲に住む人口、そして、店の前を通る交通量だ（図㉗）。

まず、初めに4つの要素について既存店3店から情報を集める。店の席数と駐車場台数は現地へ行って確かめれば良い。建物の図面などからもわかるだろう。店の周囲に住む人口は市町村など自治体が持つ資料を加工することで得られる。また、店の前を通る交通量については、実際に測定を行うことになる。A店、B店、C店、それぞれの店についてこれら4つの要素の数値が得られたら、それを各店の売上と照らし合わせる。

A店：売上800万円
B店：売上500万円
C店：売上300万円

図㉗

評価項目	A店	B店	C店
席数	100	50	50
駐車場台数	50	25	25
人口（人）	15,000	10,000	5,000
交通量AB車線（台）	15,000	10,000	5,000

売上をy、席数、駐車場台数、人口、交通量の各項目をx_1、x_2、x_3……とすれば、

$y = a_1 \times x_1 + a_2 \times x_2 + a_3 \times x_3 + a_4 \times x_4 + b$

となる。売上は、４つの要素によって影響を受ける。つまり、売上は４つの「売上要因」を含む計算式によって算出できる。この計算式の形を求めていく。

それぞれの店について、売上を左辺に、４つの要素を右辺に入れて式を作る。各店の売上８００万円、５００万円、３００万円は、80、50、30と点数化すると、次の式が成り立つ。

A店：$80 = a_1 \times 100 + a_2 \times 50 + a_3 \times 15{,}000 + a_4 \times 15{,}000 + b$

B店：$50 = a_1 \times 50 + a_2 \times 25 + a_3 \times 10{,}000 + a_4 \times 10{,}000 + b$

C店：30＝a_1×50＋a_2×25＋a_3×5,000＋a_4×5,000+b

数式が3つなので、未知数が3つであればちょうど連立方程式となり、中学生の数学で解けるはずだが、係数はa_1からa_4まであり、bも含めると未知数は5つになり、答えはひと組に定まらない。

また、現実のデータは、売上は店数の分だけあり数十から数百、時には1000店を超える。一方、係数のa_1、a_2……も前述通り、通常用いるのは60から70ほどになる。

こうなると手計算では不可能であり、コンピュータに頼るしかない。計算の過程はブラックボックスとして割り切ることにして、上記の3店舗の結果（答え）だけを見ていこう。

a_1は0・1、a_2は0・2、a_3は0・002、a_4は0・002、bは0とすれば3つの式は成り立つ。

つまり、

A店：80＝0.1×100＋0.2×50＋0.002×15,000＋0.002×15,000

B店：50＝0.1×50＋0.2×25＋0.002×10,000＋0.002×10,000

図㉘

評価項目	係数	A店	B店	C店
席数	0.1	10	5	5
駐車場台数	0.2	10	5	5
人口(人)	0.002	30	20	10
交通量(台)	0.002	30	20	10
売上(点数)		80	50	30

C店：$30 = 0.1 \times 50 + 0.2 \times 25 + 0.002 \times 5{,}000 + 0.002 \times 5{,}000$

当てはめてみると、確かに計算が成り立っていることがわかる。

上の表は、現実の数値を点数化したものだ。

こうして、x_1～x_4までの係数（ウエイト）a_1～a_4がわかった。計算式に改めて入れてみると、

$$y = 0.1 \times x_1 + 0.2 \times x_2 + 0.002 \times x_3 + 0.002 \times x_4$$

となった。

x_1～x_4がわかれば、まだ存在していない新規の店の売上yを予測することができる。

たとえば、新規店Dの店の席数は70、駐車場台数は70、店の周囲に

住む人口は2万人、店の前を通る交通量を2万台だとすると、

D店：$101 = 0.1 \times 70 + 0.2 \times 70 + 0.002 \times 20{,}000 + 0.002 \times 20{,}000$

となり、売上は1010万円と予測できる。

実際の計算では店数も要素（係数）も桁違いに多く複雑になるが、原理は同じだ。そして、データが多ければ多いほど、つまり、売上や要素のデータが得られる既存店の数が多ければ多いほど、未知の新店について予測の精度は増していく。

現実にはチェーンすべての店の売上を、たったひとつの計算式で表現できるわけではない。同じチェーンであっても、イートインタイプの店なのかテイクアウト型なのか、あるいは店のある場所がビルの中なのか、路面店なのかで、係数の a_1、a_2、a_3……は変わる。

それぞれの分類ごとにデータを集め、数式を確立する必要がある。分類を適切に行うことができれば、売上の予測はより正確になっていく。

当社では、この方法により「売上要因分析」を行ってきた。誤差が極めて少ない予測ができ

るようになり、新規出店の際、不振店や予算未達店を〝ゼロ〟にすることを目標にしている。どのような業態のチェーンであっても非常に有効な方法である。

○科学的な予測を磨くのは、泥臭い作業

「売上要因」を調べて数値化することで、売上を予測することができるのだが、現実には初めに数百の「売上要因」を出し、それを60～70に絞り込む。的確な「売上要因」を選び、最終的にいかに的を射たものに絞り込めるかがひとつのノウハウになっている。繰り返しになるが、売上に〝効く〟要素は、業種や業態、チェーンに独自のものであり、自社に独自の要素を見つけられれば、売上予測の精度を高めることができる。

第2章では、2つのファストフードチェーンが登場した。どちらも、進出しようという地域にスーパーマーケットがあるかないかで売上は大きな影響を受ける。

しかし、一方は地域にスーパーマーケットがあることが不利に働いた。家で料理をすることが一般化している地域では、ファストフードの注文は少ないからだ。

だが、もう一方のファストフードチェーンは、そばにスーパーマーケットがあるほうが売上

は上がった。子どものおやつや食事のおかずに、そのファストフードは利用されていたからだ。

前者のファストフードの計算式では「顧客誘導施設」のひとつの要素であるスーパーマーケットの係数（ウエイト）はマイナスになる。スーパーマーケットの存在が、売上を損ねる。しかし、後者ではプラスになる。

同じファストフードでも、どの要素がどう効いてくるのかは全く違うのである。

これはまた別のファストフードチェーンの話だが、その店はエリア内に米軍基地があれば売上が上がる。そのファストフードはアメリカでは一般的なブランドであり、米軍に駐在するアメリカ人やその家族が好んで注文するためだ。

あるラーメンチェーンでは、競馬場や場外馬券場が地域にあれば、店の売上が上がることがわかっている。競馬をする層とラーメンを食べる層とが重なり合っているからだ。

米軍基地や競馬場、場外馬券場の存在は、上記のファストフードやラーメンチェーンにとっては見落とせない「顧客誘導施設」のひとつの要素となる。そして、これらを見つけられるかどうかで、売上予測の精度は大きく左右される。

当社では現地の調査はもっぱら自社の社員で行っている。過去の類似する業態を参考に仮説を立てて測定すべき要素を定めるが、既存店のある現地へも赴き、店を利用する人はもちろん、そうではない道行く人を数多く観察し、隠れている要素を見つけ出すようにしている。

クライアントのチェーンにとって欠かせない要素を探し出すことは当社のノウハウであり、その結果、誤差の少ない計算式を得られれば、それはチェーンの財産になる。

「売上要因分析」の原理だけを見れば、統計処理という無味乾燥な計算の世界に見えるが、それを形作るための要素ひとつひとつを見つけることは、非常に人間臭い作業だ。経験と訓練を要する世界でもある。

会社で共有できる、科学的根拠のある出店戦略を

○立地戦略立案で本領を発揮する「売上要因分析」

「売上要因分析」が主に3つの分野で応用できることは第1章で触れた。ひとつが新店の売上

予測、もうひとつが立地戦略、そして3番目が既存店の活性化だ。

そのうちの1番目、新店の売上予測では、確かにあるひとつの店に注目して行うことはある。また、3番目の既存店の活性化は、ある特定の既存店を取り上げ、各要素から本来上げられるはずの売上予測を行う。それに満たない場合、どこに弱点があるのかを調べ、克服していく。「売上要因」を調べれば、ある特定の店が置かれている状況を客観的に理解することができ、どの要素がどれほど効いているのかが把握できるので、採るべき対策も優先順位を立てて取り組むことができる。確かに、ある特定の店を定めてそのテコ入れに使うには効果的だが、「売上要因分析」が本領を発揮する分野は、2番目の立地戦略である。特定の店に注目するのではなく、数十、数百、数千に及ぶまとまった店をどこに出すべきか。地域を絞り込み、具体的な土地を探し出していく仕事に非常に有効だ。

新規出店は、チェーンストアにとって企業全体の成長に欠かすことはできない事項である。特に、ドミナント戦略によって全く新しい地域に集中的に店舗を展開していこうという時、そのための立地戦略に「売上要因分析」は大いに役立つ。

まず、全国の中でどの都道府県に進出すべきか。売れる可能性の高いエリアを探し出すためには、売上を上げるのに十分な人口があるのかどうか（「マーケット規模」）、人口の中でも実際に店を利用する人がいるのかどうか（「商圏の質」）を調べる必要がある。

競合の調査も欠かせない。同じような商品を売る店がすでにあるのかどうか（「他社競合」）、目指す地域での競合店の進出状況を調べる。

その上で、進出できる都道府県を絞り込む。地域が定まれば、具体的な出店のスポットを探していく。駅や商業施設などの人が集まる施設（「顧客誘導施設」）に近いところ、人通りや自動車の往来（「ポイント規模」）が多いところ、人が出入りしやすい店を出店できるのか（「建物構造」）、店舗とともに駐車場を確保し、苦労せずに自動車を出入りさせられるだけのスペースは取れるのか（「アプローチ」）、そして通り沿いなど誰でもすぐに見つけることができるのか（認知性）。それら売上の見込みが立つスポットを探し出す。

そこまでできれば、可能性のある土地に新店を建てた時の各店の売上予測を立てることができる。一定の額以上の売上を上げる店を選び出せば、出店余地数を出すことができる。

初めは日本全国の地図を広げて可能性のある各都道府県を選び、次にはその拡大地図を広げて、具体的な出店場所を見つけていく。そのようなイメージだ。

いくつかの有力な都道府県でこのような作業を行い、出店余地数の多いエリアから優先的に進出していけば確実と言える。

数十、数百、数千もの出店戦略を、出店可能数や売上予測という数値の裏付けとともに行えるのが「売上要因分析」の最大のメリットと言えるだろう。

○開発も運営も、数値的な根拠をもとにディスカッションを

このように、「売上要因分析」によって数値の裏付けを持つ立地戦略を立てられるならば、チェーン全体としての成長戦略も明白にできる。だが、現実にここまでできている企業はまだごく一部にとどまっているのが事実だ。多くの企業では、今も出店の際、どのような立地を選ぶかはベテランたちの経験とカンに頼っているのが現状だ。

しかし、どれほどのカンを持った経験者であっても、判断できる店数は限られる。ある地域に一斉に進出しようとする時に、ベテランの数人のみで短期間で数百店の出店の可否を判断することは難しいだろう。

「売上要因分析」でチェーン独自の計算式を求められれば、誰が行っても同じ結果を得ることができる。社内で統一基準を定め、そこを満たす売上を上げる店のみを候補地として残せばよい。誰でも客観的な出店の判断ができるようになり、出店のスピードは上がるだろう。

人材育成も可能になるだろう。カンと経験を持つベテランからノウハウを盗むのではなく、「売上要因分析」の原理を学び、そのチェーンにとって売上に直結する要素を系統立てて学ぶことができる。新規出店のための開発専門家を養成できるようになるだろう。

「売上要因分析」を社内に採り入れる判断は、全社的な意志であるべきだ。

一部の部署が採用してその効果を実感したとしても、他の部署の反対に遭うかもしれない。一般的によくあるのが開発の部署と、店の運営に責任を持つ部署との反目だ。

開発部門にとっては、店をひとつでも多く開発することが目的になる。空いている土地があればすぐに確保して出店したい。その根拠を示す際にも、かつてこの場所にあった店ではこれだけの売上があった、近くの店ではこれだけの売上を上げた、という都合の良いデータを持ち出してはいないだろうか。

「いや、その立地では難しい」という店の運営部門からの指摘があったとしても、根拠があいまいなままの議論を続けるしかない。結局、ベテランの鶴の一声でゴーサインが出る。

そのような過程を経て新規出店しても、期待通りの売上が上げられなければ、責任の押し付け合いが始まる。開発部門は、店の運営が悪いと言い、店の運営部門は、開発部門の売上予測の甘さに原因があると指摘する。

「売上要因分析」にもとづけば、精度の高い売上予測が可能になる。新規出店の可否の判断は客観的にできる。仮に予測通りの売上が上がらない場合でも、その理由をさかのぼって探ることが可能だ。計算式の各要素のウエイトのかけ方が違っていたのか、要素の選択が誤っていたのか、原因をはっきりとさせることができ、次からはより正確な売上予測が可能になる。

「売上要因分析」にもとづけば、開発部門にとっても、店の運営部門にとっても、〝立地〟も〝店舗運営〟もどちらも改善していくことができるだろう。

すでに業界のトップチェーンは始めている。すぐにでも「売上要因分析」を開始し、既存店のデータの有効活用を始めるべきだ。新規出店の際もデータを加えて蓄積し続けることによって、予測は磨かれていく。それが勝ち残るチェーンの必須条件になるだろう。

カンや経験に左右されず、数値を軸にした立地選びが、海外出店を成功へと導く

初めて海外に出店する企業には、拠り所となる自前のデータはないに等しい。さらに、日本のように統計データや各種データが正しく整備されているわけではないため、使える情報はごくごく限られている。そこで、せめて店の候補地前の通行量調査をすることになるのだが、それだけでは不十分であることは、これまで再三再四、強調してきた通りだ。

海外でも、「売上要因」を軸に、現地のお客様を正しく数値化し、出店した後は数値を基に検証し、次の出店につなげるというサイクルを構築することが不可欠である。

現地のお客様を観察し、その需要や行動を数値化し、計算式化する。出店後に検証し、問題点を抽出して、改善をし続ける。このような一連の行動を、誰もが共通の視点で判断できる「数値」をもって実施することが重要なのである。

個人や担当者のカンや日本国内での経験に左右されず、正しい数値を軸に社内で適切に決断を下すからこそ、正しい店舗（利益が生み出せる店舗）を継続的に出店し続けられる。その結果、国内同様、海外でも不振店・予算未達店“ゼロ”を実現することができる。

海外出店は、コンビニエンスストアや大手飲食、小売チェーンなどはすでに始めているが、日本の人口減少という絶対的なポテンシャルが減り続ける現状を考えると、この流れはますます加速するだろう。特に、未来に向けて大きな成長を望む企業であればあるほど、日本国内のポテンシャル（人口量・購買量）では満足できない状況となっている。

日本の商品力・サービス力は、世界でも十分通用するポテンシャルを持っている。日本国内で売られている限り、日本企業の持つ本質的な商品力やサービス力はなかなか見えて来ないが、海外へ進出すればより発揮されるだろう。だからこそ立地に関心を払い、ポテンシャルを最大限に発揮できる立地・商圏に出店してもらいたいと切に願っている。

各国異なるお客様の需要を正しく把握し、その需要に見合う商品・サービスを提供し、適切な立地に出店し続けることができれば、不振店・予算未達店舗“ゼロ”という未来は必ず現実のものになると考えている。

巻末付録

ラーメンチェーンは
どのエリアで成功できるのか——
出店シミュレーションの実際

ある地域に大量出店したい——立地戦略にこそ「売上要因分析」を

「売上要因分析」を応用できる分野は主に３つある。

ひとつが新店の売上予測、２つ目が立地戦略、そして３つ目が既存店の活性化だ。中でもチェーン店にとって有効と思われるのが、２つ目の立地戦略である。

まだ出店していないエリアに新たに店を出す。そもそもどの地域に出すべきか。そこでは何店舗を出せる可能性があるのか。そしてトータルの売上はいくらになるのか。

「売上要因分析」によってこれらの予想ができれば、可能性のあるエリアを絞り込むことができる。その具体的な進め方を、架空のチェーンを事例に見ていくことにしよう。

安国咲堂は、東海地方を基盤に60店舗を集中展開するラーメンチェーンだ。出店は愛知、岐阜、三重の東海地区がほとんどを占めるが、大阪市内に2店舗、その他に兵庫、奈良、千葉、埼玉、神奈川でもそれぞれ1店舗ずつ出して、そこそこの売上を上げている。

東海地区ではすでに誰もが名を知る存在であり、次は東京を中心とする関東圏に打って出たい。関東での知名度はいまひとつだが、東海での勢いのまま、必ず成功させたい。

関東ならば東海以上の売上も期待できるが、反面、競争は厳しく、勝手のわからない土地でもある。間違いなく成功させるにはどうすれば良いのか。

「売上要因分析」により、一定以上の売上のあるエリアを選び出し、そこに出店すれば着実に売上の上がる店にすることができる。

◯既存店のエリアや店舗タイプによる傾向はあるか？

分析は既存店から始まる。

60舗のうち、愛知、岐阜、三重の東海エリアに出店するのが53店、大阪、兵庫、奈良の関西には計4店、千葉、埼玉、神奈川には計3店舗を出している。

また、ロードサイドへの出店が41店舗で7割弱、ショッピングセンターへの出店が19店舗で3割強という割合だ。

地域別に見た構造の図（次ページ）が左、店舗タイプ別に見たのが右の図だ。

関東、関西とも出店すれば売上は上げられるだろうが、出店するならばやはり東京のある関

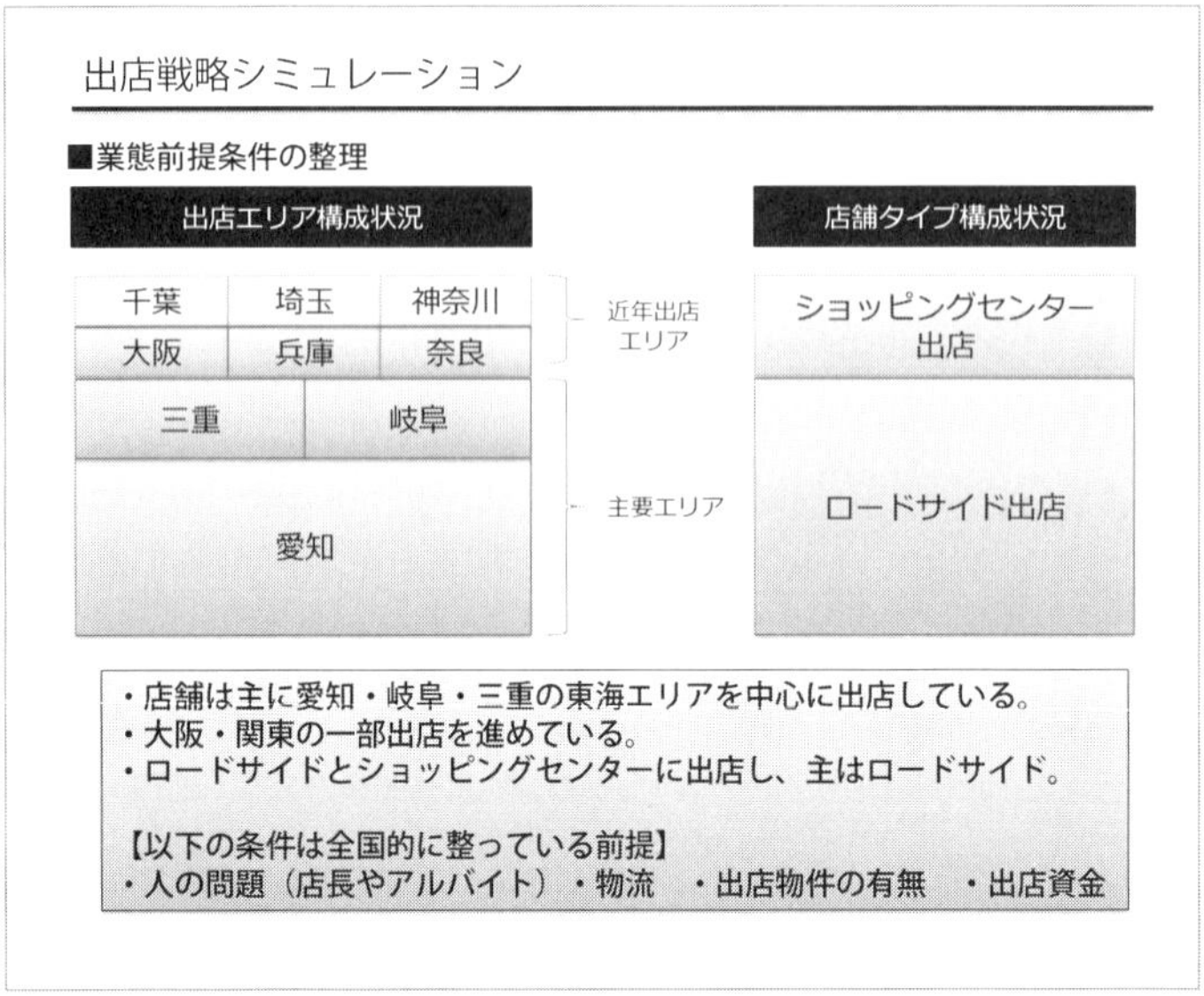
出店戦略シミュレーション
■業態前提条件の整理
出店エリア構成状況
店舗タイプ構成状況
千葉
埼玉
神奈川
大阪
兵庫
奈良
近年出店エリア
三重
岐阜
愛知
主要エリア
ショッピングセンター出店
ロードサイド出店
・店舗は主に愛知・岐阜・三重の東海エリアを中心に出店している。
・大阪・関東の一部出店を進めている。
・ロードサイドとショッピングセンターに出店し、主はロードサイド。
【以下の条件は全国的に整っている前提】
・人の問題（店長やアルバイト）・物流　・出店物件の有無　・出店資金

東圏だろう。幸い、東海地方での成功により、出店のための資金は確保でき、店長候補者などの人材も揃っている。物流等も付き合いのある業者を通じれば問題なくできる。味や品質は東海地方のまま、関東圏での展開が可能になる。

問題は物件だ。関東のどの地域に攻め込むか。

○既存店の傾向から、満たす条件を探し出す

手順は次の通りだ。

①まず、自社の既存店の「売上要因」を分析する。売上を上げている店はロードサイ

出店戦略シミュレーション

■出店戦略の概要フロー

条件１：既存店で実績があるロードサイドまたはショッピングセンター出店の場合
条件２：出店エリアが東京エリア（都下エリア）と特定されている場合

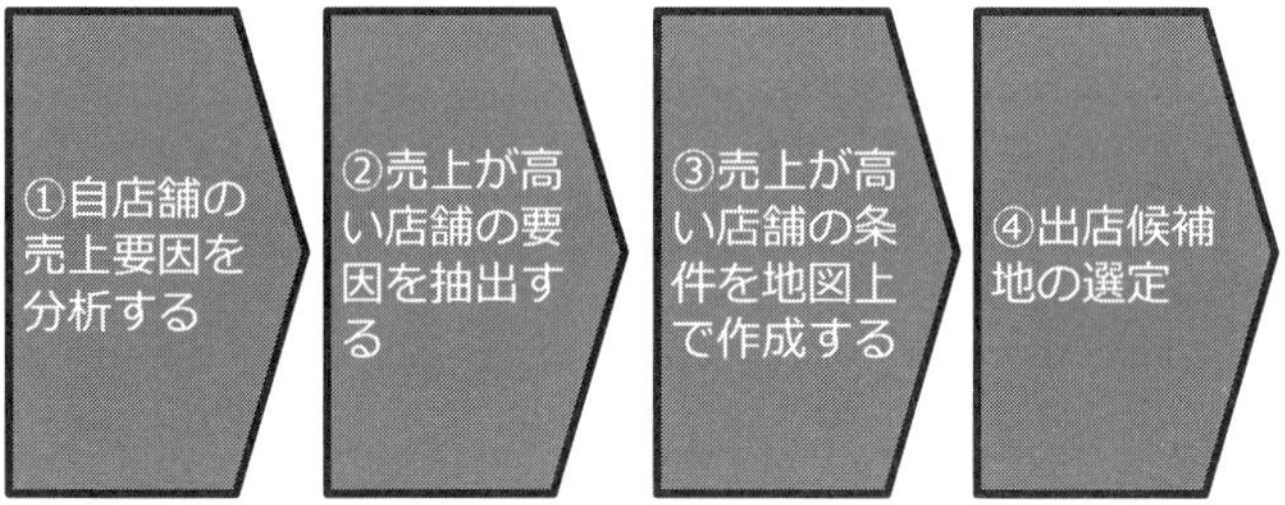
①自店舗の売上要因を分析する
②売上が高い店舗の要因を抽出する
③売上が高い店舗の条件を地図上で作成する
④出店候補地の選定

自社の既存店の売上要因を分析し、大きな枠組みではロードサイド立地とショッピングセンター立地でどちらに強みがあるかを明確にする。
その上で、既存店が高い売上を上げている商圏の条件をもとに、出店する候補エリアを特定する。

ドなのか、ショッピングセンター内なのか。

そして他に要因があるのか。

②中でも現実に売上高の高い店を選び出し、何が売上に〝効いているのか〟、その要因を洗い出す。

③売上を上げるのに関連性の高い「売上要因」がわかれば、その条件を満たす土地を関東圏内から探し出す。

④条件を満たすエリアを地図上に描き出し、その範囲内で出店地を絞り込んでいく。

○インタビュー、実地調査、あらゆる手段で〝効く〟「売上要因」を探す

「売上要因」の基本的な項目は、第1章と

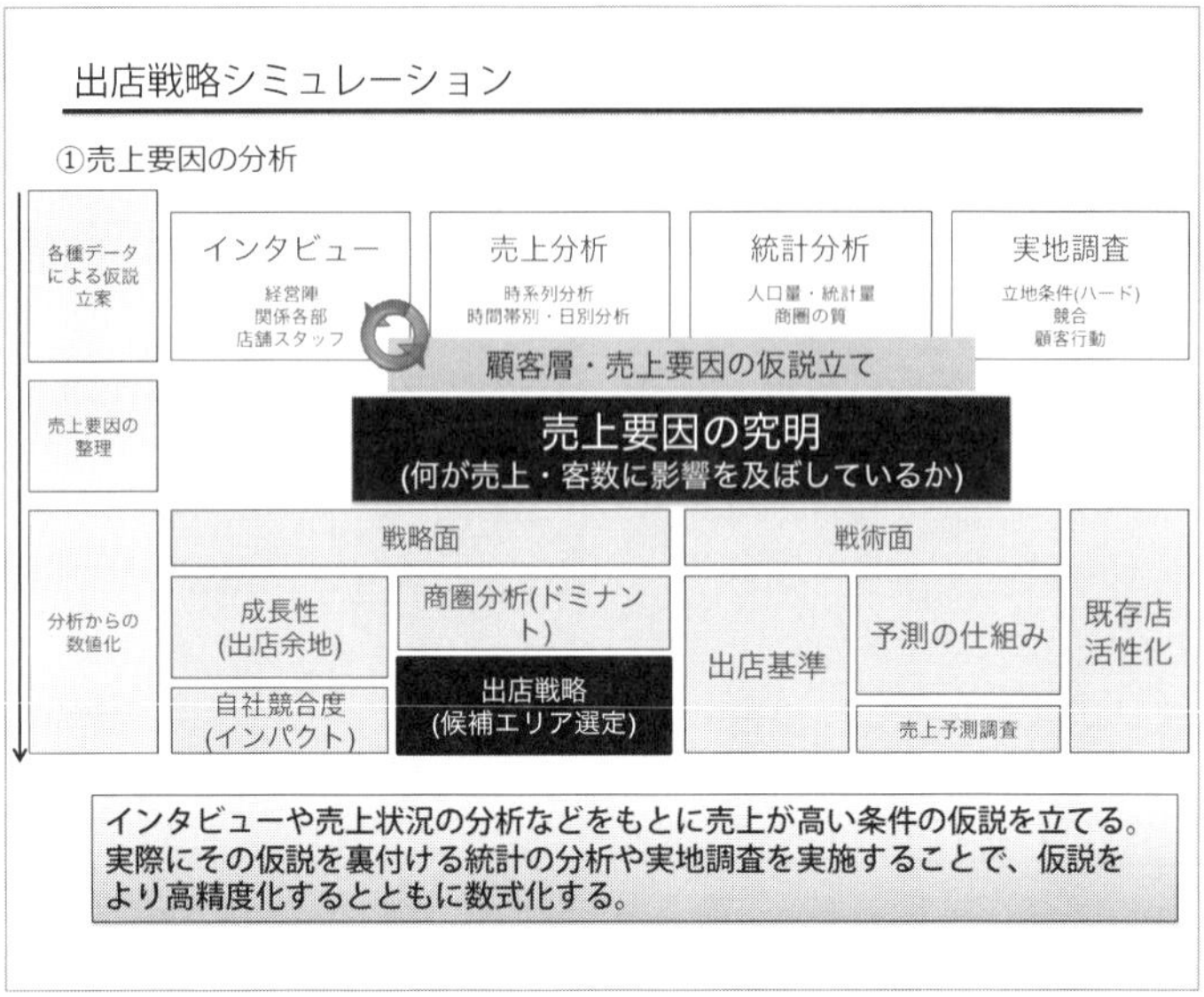

終章で触れた10の要因になる。そもそも地域に十分な人口があるのか、ラーメンを好んで食べる層がいるのか、競合店はないのか。自治体の統計資料を集めたり、競合店と思われる店の情報を拾って、地図上でプロットしていく。

だが、業界やチェーン独自の要因も必ずあり、それを見つけられるかどうかで分析の精度は大きく変わる。そこで行うのがチェーンのトップや店舗開発担当、店舗運営担当へのインタビューや現地での実地調査である。

ラーメンチェーンの場合、過去には店の近くに場外馬券場があれば、売上が上がるという例があった。このチェーンでもそのような特別な「売上要因」が隠れているのではないか。ある「売上要因」が関連しているのではないかと疑問が湧けば、仮説を立てて資料やデータを集め検証する。違うならば別の「売上要因」により別の仮説を立てて、またデータを集めて検証する。これを繰り返すことで、本当に〝効いている〟「売上要因」を絞り込んでいく。

○仮説と検証を繰り返して、売上を上げられる条件を明らかに

分析の結果、売上を上げている店は特に夜間での売上の比率が高く、しかも、顧客は男性客がほとんどを占めていることがわかってきた。さらに、顧客は家からではなく、仕事帰りに立ち寄る傾向もはっきりとしてきた。

実際に、この傾向をチェーンのトップや現場の担当者に確認すると、なるほど確かにその通りだと納得の得られる回答を得た。

実際に売上を上げている既存店について、夜間人口、男性客の比率、事業者数により分析してみると、８００万円以上の売上を上げている店はすべて、

①半径１㎞内の夜間人口が５万人以上

出店戦略シミュレーション

②売上が高い店舗の要因を抽出する

条件：800万円以上の店舗を出店候補と定めた場合

店舗名	売上（万円）	夜間人口（1km内）	男性比率（1km内）	事業所数（1km）
A店	1000	88,000	62%	700
B店	900	65,000	52%	800
C店	850	100,000	54%	600
D店	800	70,000	58%	550
E店	750	90,000	45%	700
F店	700	48,000	46%	900
G店	600	60,000	52%	400
H店	650	70,000	52%	300
I店	650	55,000	45%	650
J店	600	45,000	47%	480

【分析の結果】
①半径1km内の夜間人口が５万人以上
②夜間人口に占める男性の割合が50%以上
③半径1km内の事業所の数が500ヵ所以上

※上記結果は非常に簡易的な指標として任意で作成したもの。
⇒サンプル業態の得意エリアである東海エリア既存店で上記数値を満たす項目は成功していると仮定する。

※評価項目の肝は、インタビューや分析で納得感のある項目で評価すること。

②夜間人口に占める男性の割合が50％以上
③半径１km内の事業所の数が５００ヵ所以上

の条件を満たしていることを明らかにすることができた。

○条件を満たすエリアを、攻め込む地域にプロットする

東海地方では、

①半径１km内の夜間人口が５万人以上
②夜間人口に占める男性の割合が50％以上
③半径１km内の事業所の数が５００ヵ所以上

という条件を満たす立地の店が８００万

出店戦略シミュレーション

③地図上で作成する

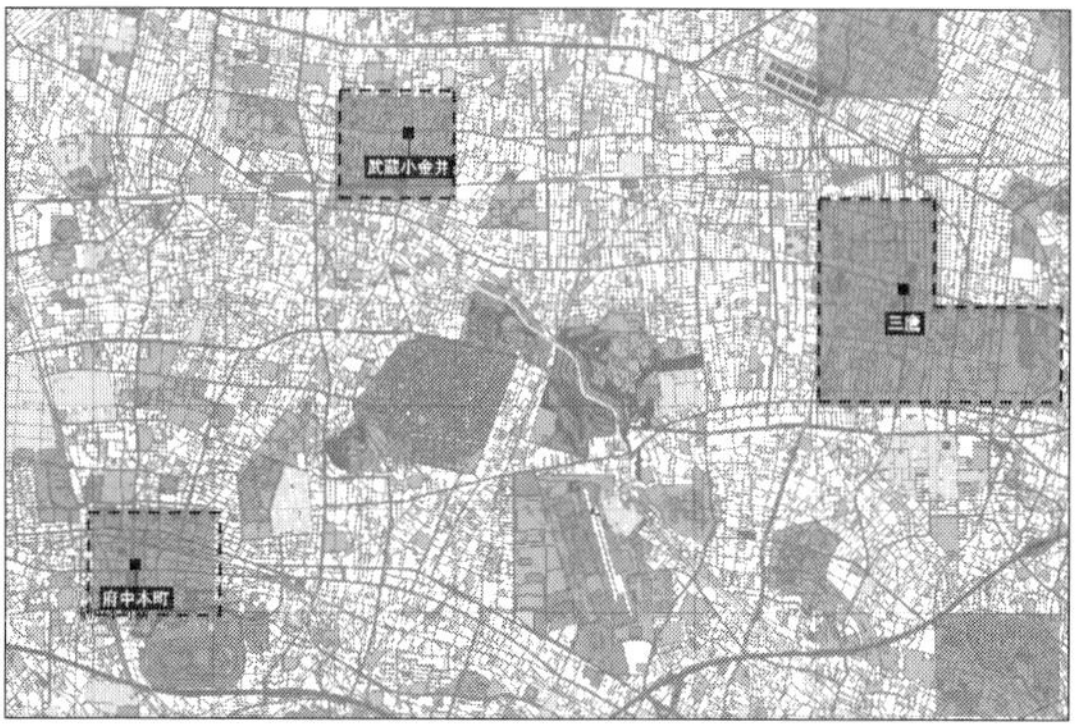

前頁の条件中、１つの条件を満たすメッシュを色付けし、エリアの中で中心かつ幹線沿いのポイントを設定する。
【細かく実施する場合はその幹線を調査し、出店できそうなポイントまで見る】

円以上の売上を上げていた。

関東地区でも①〜③を満たす土地を見つければ良い。

資料やデータを集めて、条件を満たすエリアを点線の枠で示したのが上の図だ。

このエリア内に店を出せば、関東圏内であっても売上８００万円以上にすることができる。

○エリアが決まれば、その中で具体的な〝立地〟を決定する

売上を上げられる条件を満たすエリアに店を出した時、その商圏と想定されるのが次ページの図にある太枠のエリアだ。出店

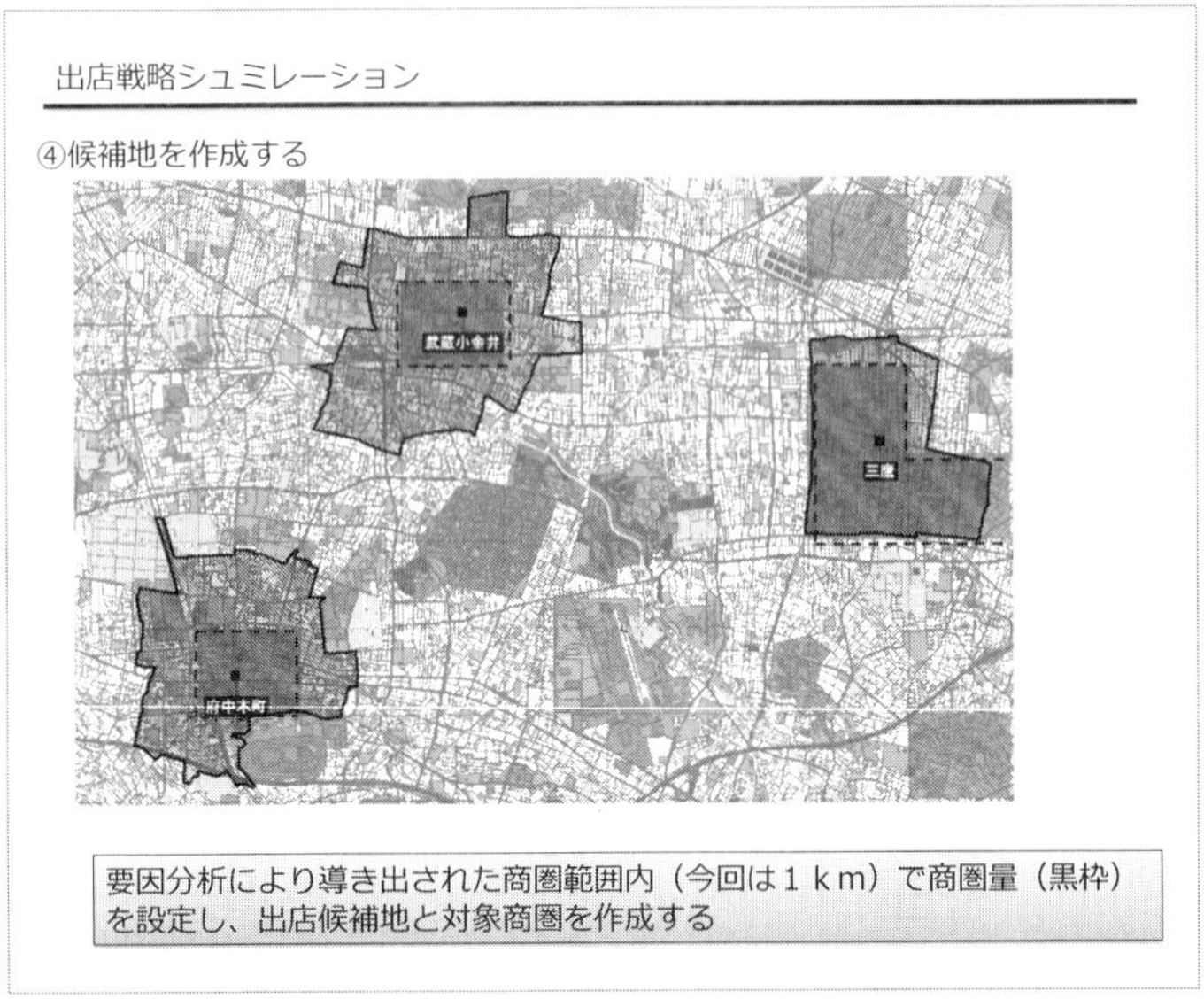
出店戦略シュミレーション
④候補地を作成する
武蔵小金井
三鷹
府中本町
要因分析により導き出された商圏範囲内（今回は１ｋｍ）で商圏量（黒枠）を設定し、出店候補地と対象商圏を作成する

候補地から１kmの範囲とした。出店候補地（点線の枠）と対象商圏（太枠）が明白になった。

　現実の出店候補地であるひとつひとつのエリアはかなり広い。この中で、さらに幹線道路沿いにあって「ポイント規模」を満たせたり、近くに駅など「顧客誘導施設」があるなど、条件の良いところを絞り込んでいく。

　空き地に新しく店舗を建てられるのが理想だが、難しい場合は空き家になっている店舗を探すなど具体的な〝立地〟を絞り込んでいく。

　ピンポイントで各店の場所が決まれば、改めてそこで「売上要因分析」を行い、各店の売上の予測を立てる。トータルの売上が関東圏の売上予測値だ。

○ドミナント出店に不可欠な高精度の予測は、「売上要因分析」だからこそ

今回は、

①半径1km内の夜間人口が5万人以上
②夜間人口に占める男性の割合が50％以上
③半径1km内の事業所の数が500ヵ所以上

という3つの条件のみで判断したが、現実にはより多くの条件をもとに地域を絞り込んでいく。何が〝効いてくる〟のか、仮説を立てて検証することを繰り返し、的確な条件を探し出せれば、予測の精度は上がり、立地戦略を、確信を持って進められるようになる。

店を出した後で後悔しても遅い。ましてや、ある地域に数十店、数百店とドミナント出店するのならば、間違っていたではすまされない。

「売上要因分析」による、より精度の高い売上予測は、チェーン企業にとって不可欠であることがわかるだろう。

おわりに

ディー・アイ・コンサルタンツが、店舗展開のコンサルティングに携わってきて、早25年になる。

その間、実にさまざまな業種の企業、テーマに取り組んできたが、近年は購買行動の多様化が進み、コンサルティングの内容自体も複雑化し、難しくなっている。そのような中でも、店舗の売上を左右する不変的な要素として「立地」が挙げられるのではないだろうか。

我々が本書で伝えたいことは、みなさんが日々何気なく利用しているお店にも、支持されるなりの理由があるということ。そしてその理由は数値によって合理的、客観的に説明が可能であるということ。

我々にはクライアント企業に対する守秘義務がある。したがって、本書で紹介している事例は、シチュエーションに若干の変更を加えている。本書は榎本と楠本の両名によるディー・アイ・コンサルタンツでの経験をもとにした立地論の言語化の試みである。しかし、いざ文章にしてみると、なかなか難しく、うまく伝わらない点があったかもしれない。この点に関しては、ご寛容にご理解を頂ければ幸甚である。

最後に、

当社をご採用いただいたクライアント企業のみなさま
当社をご支援くださるパートナー企業のみなさま
当社の事業の発展に尽力した先達の方々
当社で働くすべてのスタッフ
そして、個人的に支えてくださる友人、家族に謝意を表して

株式会社ディー・アイ・コンサルタンツ
ディー・アイ・コンサルタンツは、客観的なアプローチにより、店舗で生じているお客様の購買行動を分析・数値化することで、出店フローを統合的にデザインし、出店の拡大によって企業の成長に貢献することをミッションにしています。相互尊敬とチームワーク、多様な個性や知見、専門性の融合から生まれる相乗効果を大切にすると共に、クライアント企業との長期的な信頼関係の構築を重視します。
1991年創設

榎本 篤史（えのもと あつし）
㈱ディー・アイ・コンサルタンツ　取締役社長
小売業、外食、サービス業、生活関連サービス・娯楽業など、流通全般の成長支援プロジェクトに参画。クライアント企業との協働作業により、戦略の立案および実行を支援。

楠本 貴弘（くすもと たかひろ）
㈱ディー・アイ・コンサルタンツ　マネジャー
小売業、飲食・サービス業、生活関連サービス業の出店戦略や売上予測の仕組み構築の立案・導入に豊富な経験を持つ。また海外での店舗展開支援に強みを持つ。

立地の科学
購買行動を数値化する出店戦略

2016年6月16日　第1刷発行

著者 ―――― ディー・アイ・コンサルタンツ、榎本篤史、楠本貴弘
発行所 ―――― ダイヤモンド社
〒150-8409　東京都渋谷区神宮前6-12-17
http://www.diamond.co.jp/
電話/03-5778-7235（編集）　03-5778-7240（販売）
装丁&本文デザイン ― 北路社
制作進行 ―――― ダイヤモンド・グラフィック社
印刷 ―――― 八光印刷（本文）・共栄メディア（カバー）
製本 ―――― 本間製本
編集担当 ―――― 前田早章

ISBN 978-4-478-06145-9